ほろよいブックス

こうして開けた酒の絆

酒つながり

Yamamoto Syoichiro

山本祥一朗

社会評論社

朝は割合に早いほうだが、前夜の飲む取材がハードであれば、かりに小便で目覚めても再び寝込む。朝のうちは比較的に口の中がフレッシュなので、唎き酒をこなすこともよくある。朝、昼をとわず機をみては入浴している。友人はそんな私を、「まるで小原庄助だ」という。なるほど、小原庄助とはうまいことをいう。酒の素人には、唎き酒も飲む酒も大同小異なのだ。

『もの書きになる方法』より

まえがき

酒場巡りや新製品の酒の話など大いに結構である。しかし、これらの情報は新聞、雑誌ならまだしも、本では寿命が短い。アッという間に話が古くなる。

そこへいくと見応え、読み応えのある酒の話はごく少ない。その少ない酒の読み物に『酒読み――文学と歴史で読むお酒』を見つけた。このことは私のWEBでも流したが、読み応えをこれほど感じた酒の本は近ごろ無かった。本書がこの版元から出ることになったきっかけである。

第一章は、酒の味を表現する上で知っておいて損のない話をまとめてみた。

第二章は、「酒の流れを読み物で」と題して、私自身の書いた酒の本の流れ。私の処女作は昭和四十三年の末だが、時代とともに酒の様相も変わっていく。それは人々の嗜好の変わりようということでもある。

第三章では、酒を飲むのを「癖」の面で捉えて、日本人の苦手とする「生酔い」などにも言及してみた。

第四章は、酒を注いだり、注がれたりの風習について。

第五章は、酒の雰囲気を盛り上げるために作った酒の歌や、酒文字をちりばめたネクタイなど、いわば酒の小道具について。

第六章は、人間関係を円滑にする贈り物としての酒についての考察である。酒こそスマートな贈答品であることがわかると思う。

第七章は、酒を読むことでの快適感を味わうように、揺れることで心地よさにひたる人もある。これは鉄道に造詣が深く列車マニアとでもいった宮脇俊三氏との対談であり、宮脇氏は亡くなられた後も書かれた本はよく売れていると聞く。対談の中にあるように、列車のゴッンゴッンと感じる振動がたまらない、と宮脇氏はいい、それを酒を飲む快適さに対比しておられるのも面白い。これは『新潮45』(一九八二年十二月号)に掲載されたものだが、内容は少しも古くない。

第八章は、「酒は飲むな」という教義のあるイスラム教のことや、酒がらみで働く女性、酒で魅力ある地など、さまざまな国のことの一端。

第九章はよく知られた人、いわゆる著名人の酒、その酒癖などを綴ってみた。おや、あの人にそんな酒癖があったのか、と思われる逸話も多いのではあるまいか。酒が入るとその人の本性が現れることが多いだけに、そのことから人脈が広がったり、逆に世間を狭くしたりする。

第十章は、私自身が酒を売った体験を書いてみた。誰れしも幼少期の体験は、それぞれに印象深いものではなかろうか。かくいう私の場合には、酒の注文とりや配達、集金までも幼くして経験している。その現場報告である。

以上は、酒による人と人との結びつきや、その絆を深めたり、進展させたりする事柄をいろいろな方面から探ってみたわけである。

ひとつ、本書をきっかけに「酒」を考えてみられてはいかがかな。

目次

§9 よく**知られた人**の酒　121

§1 酒の味の表現を考える

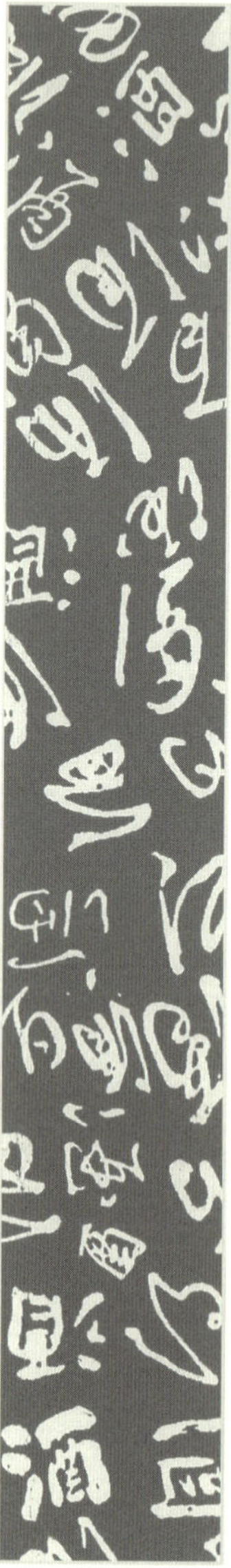

快感とか悦楽、つまり、いいっ！　とか、うまいなあというのは、瞬時のものである。しかもそれは、文字通り「筆舌に尽くし難い」ものだ。それをあえて文字で表現しようとするのは、未練がましい行為ということになろうか。

　そもそも、過ぎ去った事柄を文字を使ってしるしとどめておくという行動自体、未練たらたらというか、非前進的なことではある。そのように過去をふり返る著述の作業を、三島由紀夫は「人生を一時的に堰止めること」だといった。三島は自分の人生の早い時期から幾度もそんな堰止め作業を行なった、と述懐している。三島にとっては、堰止める作業行為こそが生きていることでもあった。

　味覚による瞬時的な感動といっても、それは厳密にいえば似たパターンはあっても、決して同じ印刷物のように型にはまったものとして当人に訴えかけてくるものではない。全く同じ飲食物でもTPOによっては、がらりと印象が違ってきたりする。そんな小さな感動までもいちいち「堰止める」ことに何の意味があるのか。酒や料理の原稿を書きながらよく思うことではある。

次から次へと、多彩な酒、肴にめぐり会っていると、それだけでうんざりして書くなぞという意欲を喪失するか、さもなくば、せっかくのそれらの素材をなんとかして筆に託したいと思うか——。まあ私が後者の姿勢であることはいうまでもないが、それも需要があるから供給が生じるわけだ。そう思うことで、飲食物にまつわる原稿に骨身を削ってきたことには自分なりに納得している。

*

飲食番組のテレビでレポーターが「うまいっ!」とやる表現の稚拙さはよく指摘されることだが、これは活字でも似たようなことがいえる。テレビの場合、ひとくちに味のレポーターといってもさまざまである。渡辺文雄さんがある時、海の幸の取材でホヤを口に入れて「なんとも涼しい味」といっていたが、これなぞは気の利いた表現といえる。ただ、表現が気の利いたものであればあるほど、何度もくり返しては妙味がない。

味のガイド書では、味の表現にいくつかのパターンをつくっているものもあって、そのことが案内書としては一目瞭然でわかり易い場合もあったりする。これはまた学問的な表現についてもいえることで、そこには共通した表現法がなければ、品質審査などは行なえない。その点では、味表現のパターン化を一概に否定するものではない。

酒の味表現が多彩であることは今さらいうまでもないが、これも近年になっていっそう語彙が豊富になった。それは酒のバラエティが賑やかになったことと比例する。

ワインに比べて、日本酒の場合は古くは酒質の欠点を指摘する言葉が多かった。それが近ごろでは「日本酒と料理の相性研究」をテーマにソムリエが日本酒の分野へ進出してきたことで、日本酒の表現にもワインに使われるような賛美調のものが目立つようになってきた。

吟醸酒をテーマとした、ある雑誌の座談会で、ベテランのソムリエ数人の中に、私が日本酒の解説者の立場でおつき合いしたことがあった。その時のソムリエ諸氏の吟醸酒についての印象批評は、私にとってまことに興味深いものだった。

「燻製のような香りがして、最後には砂糖大根の香りの中にフルーツ、野菜などの香りも融け込んでいる感じ」とか「秋の落葉を焚いた後の灰のような香りが印象的」とか「ロワールのシュナブラン系のフルーティな香りが感じられ、その中にマーマレードの味が若干みられる」

などというのがソムリエの話の一部だが、日本酒だけに精通した人たちにとってはまるで思いもよらぬ表現法といえる。

日本酒の業者とすれば、このような斬新な切りくちに驚くと同時に、こんな発想や表現法が、なんとか低迷を続ける日本酒の活性化に役立たないか、と考えた。ソムリエを中心とした日本酒と料理の相性研究をきっかけとして、日本酒サービス研究会を発足させたのはそんなことからである。

*

日本酒の表現ということでは、なんといっても吉田健一の気まま評が傑作である。以下は山形の地酒「初孫」についてのものだ。

味も淡々として君子の交わりに似たものがあり、それでいて飲んでいるうちに何だか風呂に入っているような気持ちになってくる。自分の廻りにあるものはお膳でも火鉢でも手を突き出せば向こうまで通りそうに思われ、その自分までが空気と同じく四方にひろがる感じになり、それが酔い潰れたのではなしに、春風が吹いて来るのと一つになった酔い心地である。

また、山本周五郎の場合、作品のイメージからは日本酒党を思わせるが、この人は生粋の洋酒党だった。「ブドー酒・哲学・アイスクリーム」という随筆で、ここでは若い頃からワイン（ブドー酒）の酔い心地が非常に適合してよかったことを縷々述べたあとで、ワインを、「哲学的、思索的な酔いごこち」とまで持ちあげている。そして、一方では「ビールの酔いはどうもラフで、相撲をとっているような感じだし、日本酒になると、詩吟的、悪くいえば浪花節的な酔いである。すぐに膝をまくりたくなるし、大きな声をたてたくなる」といい、ウイスキー絶賛となるのだ。酔い心地の表現が面白いではないか。

このようなのが、学問的表現にはもっとも遠いところにある酒評の好例である。右の二人には「酒というものは、何もしかつめらしい、科学的分析なんぞ考えて飲むものじゃない」とでもいった筆者の風格さえ感じられよう。

＊

〝風格〟といえば、こんなのがある。

今年（一九九四年）の二月から三月にかけて、十二年ぶりに中国の紹興を訪ねた。紹興酒の仕込みを見に行ったのだ。

ところで紹興酒の評価には、ワインや日本酒などでの評価基準となる色、香り、味の他に、風格という項目があることを知った。この評点は審査によって、全体の評価のうちの10％であったり15％であったりするが、いずれにせよ個性味にあふれる押し出しの印象のようなものが評価されるわけである。

そんなものは、受け取る側によっては評価がかなり分かれるのではないか、という向きもあろう。いや、そこがいかにも中国らしくていいという人もある。いずれにせよ〝風格〟を加味した紹興酒の品評会はずっと続いてきた。ところがつい二年前から、そのような品評会での上位入賞の紹興酒に金賞とかナントカ賞を出すことは止めてしまった。そのわけは、「人間の下す評価であれば絶対ということでもないし…」と、かつてのその主催者の歯切れはよくなかった。しかし、考えてみればその受賞による影響力が大きいものであればあるほどこの手の審査が慎重であるのは当然だし、そこで厳正を期すことがむつかしくなるようなら止めたほうがいい。

よく、絶賛調の美辞麗句でうめつくされた酒というのを口にすることがある。私に関しては、そんな際に、「なるほど」とうなずくよりも、「へえーっ、これが？」と疑問を抱く驚きの方が過去には多かった。日本酒の場合では「金賞受賞」のラベルを大袈裟に貼付したような市販酒であり、ワインについてはそれこそ眼玉がとびだすばかりにべらぼうな値段のものである。このような酒に限って能書きばかりがやたらに長いのだ。

能書きこそないが、世にマボロシの酒と呼ばれているものについても似たようなことがいえる。日本酒なら、一升瓶の本醸造がディスカウントストアでさえ一万円以上の値付けで堂々と売られている代物がある。これも需要と供給の関係からおのずとこうなるのだろうが、ごくありふれたこれしきの酒を後生大事に有難がって求めるとは、世の中にはなんと味オンチで付和雷同型ドリンカーの多いことか。

＊

そこで話は冒頭にもどる。「筆舌に尽くし難い」味覚にぶつかったとき、本来ならその味覚なり嗅覚なりを、実物そのもので相手に伝えればいいところを、視覚とか聴覚という手段で表現しようとするところからことは面倒になる。誤解が誤解を生み、うわさが一人歩きすることで、とんでもない幻の酒が生まれたりするわけだ。

私のようにいたって好奇心の強い人間は、たとえ巷でいいとされている酒でも料理でも一応は自分の口に入れて確かめてみないことには納得しないから、右のような誤解はわりと少ない。その上で、自分なりに自分のための小さな「堰止め」の作業をやっているわけで、私の場合はそれがたまたま仕事と結びついているに過ぎないのだ。

とかく人のうわさほどアテにならぬものはない。悪評さくさくの人間が思いのほか好人物だったり、人気のある人物の裏面がなんとも醜いものだったりするようなケースには数限りなくぶつかってきた。酒や料理についてもやはり同じで、良きにつけ悪しきにつけ評判ほどでない事例に出くわすことも数えきれない。

前出の吉田健一や山本周五郎流表現法などは、当人のノリで書いたようなものだから、読む側もそのような気分になって読み流せばすむことだ。こういうのは書く当人が十分に満足していて、相手に押しつけがましいところがないから罪がなくていい。

いずれにせよ、「飲」「食」を別の手段で表現するのほどむつかしいことはない。

§2 酒の流れを読み物で

著作一覧

刊行年	書名	出版社
昭和43	みちのく酒の旅	秋田書店
44	伏見・灘・中国路　酒のふるさとの旅	〃
46	日本の銘酒地図	近藤出版
48	日本の酒	土屋書店
49	日本の味	〃
50	ほんの本	広済堂出版
51	男のサカナ	波書房
〃	好奇心呼ぶ体験旅行	旅行読売
52	作家と父	大陸書房
53	作家と女	〃
〃	作家と酒	〃
〃	酒呑みの本	〃
54	地酒天国	〃
〃	酒まんだら	〃
56	酒呑みの強肝法	主婦の友社
57	日本産ウイスキー読本	大陸書房
58	全国版焼酎読本	〃
〃	サラリーマン酒飲んで出世する方法	国際情報
〃	おんな風土記	波書房
〃	美酒紀行	時事通信社
59	酒ざかり日本列島	たる出版
〃	美酒佳肴	中央公論社
60	（監修）焼酎の研究	〃
〃	キプロスに酔う	竹書房
〃	（監修）蔵元の酒肴料理	婦人生活社
63	海外酒事情	時事通信社
〃	酒飲み仕事好きが読む本	三笠書房
〃	（監修）酒・さけ事典	大修館
〃	（共著）男学入門	日本実業出版
平成2	うまい酒がわかる本	双葉社
〃	本場ビールと穴場ワインの旅	時事通信社
4	（監修）国産ウイスキー＆ビール　オールカタログ	成美堂出版
〃	もの書きになる方法	三一書房
〃	美酒の条件	時事通信社
5	（監修）カクテル	成美堂出版
6	美酒探訪	時事通信社
〃	まじめ酒、とぼけ酒、あそび酒	実業之日本社
〃	父が娘に綴ったある一冊の日記	リヨン社
7	どの酒を飲むか	三一書房
8	往生ぎわ　ホンネ・タテマエ	〃
9	（監修）日本酒を愉しむ	中央公論社
〃	美酒との対話	時事通信社
〃	（共著）別れ方の研究	日本実業出版
10	（監修）こだわりの銘酒事典	成美堂出版
11	六十歳からも青春	創樹社
12	金賞酒　全国新酒鑑評会の歩み	たる出版
13	（監修）人気のビール、地ビール、発泡酒がわかる本	辰巳出版
15	知って得するお酒の話	実業之日本社
17	お酒の「いま」がわかる本	〃
19	日本酒党の視点	技報堂出版
20	親と闘った文豪　昭和の名作はこうして誕生した	実業之日本社
22	日本酒で乾杯！　足で集めた酒情報	技報堂出版
24	酒は最高のサプリメント	ペガサス

これまでの酒の流れを拙著で追ってみた。昨今、酒の本は数多いが、これはあくまでも私の四十数年の流れである。

処女作の〝酒〟は八千部でスタート

昭和四十三（一九六八）年といえば高度経済成長に突き進んでいた頃で、やれ新幹線だのマイカーだのと、世間は浮かれていた。そんな時、鈍行列車に乗ってひなびたローカルの酒を訪ねた『みちのく酒の旅』（秋田書店）という本が私の処女作である。これは新書版で、初版八千部が好調に売れたことから、翌年に同じ版元から西の方の酒巡りをした『伏

みちのく酒の旅（1968）

見、灘、中国路、酒のふるさとの旅』を上梓した。

以下の私の著作は22ページの一覧表の通りで、この五十三冊の中には表示の通り、監修八冊、共著二冊も含まれている。

酒に無縁の世相探訪も体験

私が酒の本を書き始めた当時、酒の本といえば学者先生の醸造学の本や文士の酒エッセイの類はあったが、それほど多くはなかった。

右の二冊は酒紀行だが、その頃から新聞、雑誌の原稿依頼が増え、それらをまとめる形で出したのが昭和四十六年の『日本の銘酒地図』（近藤出版）で、その後は一覧表の通りである。

余談ながら、昭和四十八年の暮れから、NHKの関東甲信越ネットで朝七時二十～三十五分まで放送されていた「カメラリポート」

という世相探訪の番組に月一本の割合でリポーターを務めていた。リポーターには、上坂冬子、江國滋、石川喬、やなせたかし、真鍋博ほか、著述家が多かった。私につけられた肩書きは「評論家」である。したがって毎月、酒とは全く関係ないテーマを追い続けた。

ただ、たった一度だけ「東京地酒物語」と題して、丸真正宗、多満自慢、澤乃井の三蔵元を取材したことがあった。東京国税局が「やわくち」という低濃度の酒の指導をしている頃で、その披露パーティーの席で番組をご覧になった醸造学の泰斗・坂口謹一郎氏に「面白かったよ」と言われたのが印象に残っている。

社会探訪の際に、たまたまベストセラー現象について語ったのを見ていた出版社の編集者から依頼されて書いたのが、昭和五十年の『ほんの本』(広済堂出版)である。一方、そのレポーター体験記を書いた『好奇心呼ぶ体験旅行』(旅行読売)やユーモアエッセイ集『男のサカナ』(波書房)など、著述のメインは〝酒〟絡みながらも、昭

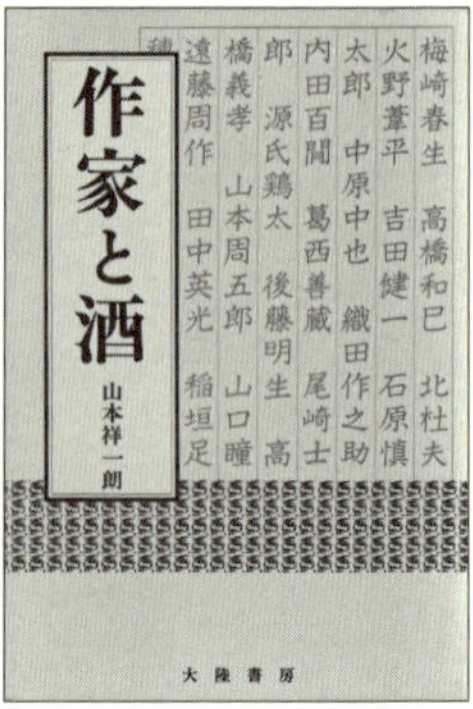

作家と酒（1978）

和五十年代の初めは気軽なエッセイもこなしていた。

売れたのはやはり酒関連

　話が酒の本からそれたついでというわけではないが、昭和五十二年の暮れに『作家と父』（大陸書房）という、それまでの私の著作とは毛色の変わった本を出した。幼少の頃から父との確執に悩み続けた私にとっては、避けて通れないテーマでもある。私とすれば、これに続いて肉親との相克に悩む問題をさらに掘り下げていくつもりだったが、版元からは「作家シリーズで続けてほしい」と言われて、『作家と女』『作家と酒』の三部作を上梓した。

　すると、その三作のうち〝酒〟が一番売れたのである。そうなると、他社からも〝酒〟の注文がどしどしやって来たわけである。

　なお、先頃刊行した『親と闘った作家たち　―名作を生んだ親と

地酒天国（1979）

酒呑みの強肝法（1981）

の相克』（実業之日本社）は『作家と父』を加筆復刻した作品で、これはこれで今後も続けるつもりでいる。

酒路線一途に行け行けドンドン

『酒呑みの本』『地酒天国』『酒まんだら』といった本では、昭和五十三、四年の酒業界の様相を細かに書き込んだ。当時は日本酒がよく売れた一方、ウイスキーの水割りがのしてきたのもこの頃である。『日本産ウイスキー読本』ではサントリー・佐治敬三氏、ニッカ・竹鶴威氏、キリンシーグラム・加太孝男氏、三楽（現在のメルシャン）・鈴木鎮郎氏など、洋酒業界の当時の社長と対談している。

主婦の友社の健康雑誌を担当していた酒友との話から『酒呑みの強肝法』という健康本や『サラリーマン酒飲んで出世する本』（国際情報）なる、これまた酒飲みの開き直ったテーマを書くなど、私の

美酒佳肴（1984）

美酒との対話（1997）

酒路線はこのあたりから行け行けドンドンの調子で弾んでいった。

ダイナースクラブの機関誌「シグネチア」に連載した酒蔵探訪は『美酒紀行』として時事通信社から上梓したが、この担当だったK氏もやはり酒友の一人でありご縁は今も続いている。時事通信社からはその後も五冊上梓した他に同社の酒のムックの監修も数冊引き受けたが、著作一覧には掲載していない。

昭和六十年、今から二十数年前は前回の焼酎ブームの頃であり、中央公論社のムック『焼酎の研究』の監修を依頼されて、カメラマンを同行して九州の焼酎どころや沖縄の泡盛を取材した。沖縄といえば国内では遠征だが、その前にはさらに遠く海外へも出かけている。

日本の酒評を世界に聞いてみる

キプロスに酔う（1985）

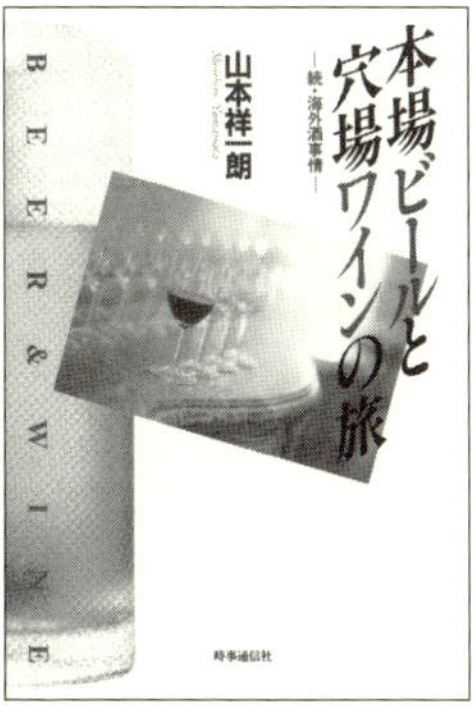

本場ビールと穴場ワインの旅（1990）

海外の酒取材に飛んだのは昭和五十八年、私が四十七歳の時で、それもパリやロンドンのような月並みな観光地ではなく地中海の楽園ともいわれたキプロスだった。この顛末については『キプロスに酔う』（竹書房）にまとめた。

和食党・日本酒派の私にとって海外取材で困るのは、味の極端な違いようである。しかし、ある意味ではその抵抗感の強さからかえって原稿が進むということもある。

米が容易に口に入る中国や韓国、台湾ではそれほどでもないが、ヨーロッパなどへは、電子レンジで簡単に作れる米飯や、味噌、梅干、海苔、醤油などを朝食用に携帯するのだ。

キプロス行きを機に翌年はアメリカ、ドイツとすっかり海外旅行づいてしまった。海外へ行く際には、日本酒も必ず持参する。自分の飲み分もあるが、行く先々で人々の日本酒評を聞いてみたいからだ。その点、幕張メッセで開かれる世界食品フェアにはわざわざ世界中の食通、味通が来てくれるのだから有難い。私はそこへ吟醸酒や熟成酒を持参して、世界の食品業者の日本酒評を聞いてみることを何年か続けた。その一部は『知って得するお酒の話』（実業之日本社）に収めてある。

知って得するお酒の話（2003）

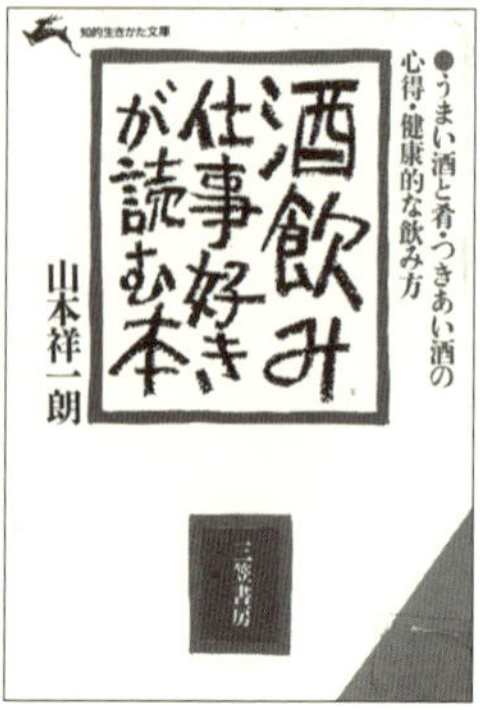

酒飲み仕事好きが読む本（1988）

本を買うか、酒を飲むか

よく「酒の本は売れますか？」と聞かれる。

最も売れたのは『酒飲み仕事好きが読む本』（三笠書房）の四万五千部だが、これは一冊四四〇円の文庫本である。二万、三万部もあったが、一般のA５版二百頁強の本では今は初版五千部からというのが多い。

冒頭に処女作が八千部だったことに触れたが、この本が出た際、「どんな人がこの本を買いますかね」

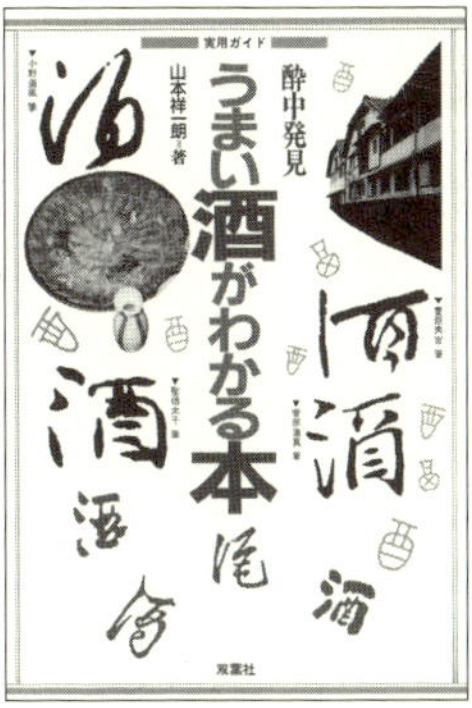

うまい酒がわかる本（1990）

と版元の社長に言われた。

「酒が好きで、旅が好きな人でしょう」

「そんな人が皆さん、買ってくれますかね」

と言った社長の顔は、四十年以上経った今でも鮮やかに思い出す。

仮に三千円ばかり持っていて、カードも持ち合わせない時、買いたい本と飲みたい酒があったとする。さて、それで本を買うか、それとも酒を飲むか――。

本は明日買えばいいが、酒は今でないと飲めない条件下なら、酒を選ぶだろう。つまり、酒飲みにとって本は次の選択になるのではないか。

日本酒を愉しむ（1997）

酒の関心を高める一般公開

私の書いたものは、酒紀行にはじまり、酒と文学、酒と健康、酒での社交、酒と料理などいろいろだが、酒のビギナー向けに書いた社交術の『酒飲み仕事好きが読む本』が売れたのは、当時、類書が無かったこともあった。その一方、地味ながらコンスタントに出たのは昭和五十年代初めの酒業界の動向に触れたエッセイの類いだった。ということは、酒関係の人の読者が少なくないことは察せられる。

日本酒に携る人の多くは、かつての国税庁醸造試験所、今は独立行政法人・酒類総合研究所主催の全国新酒鑑評会での金賞、入賞などは気になるところである。私は昭和五十年代の終わりから十年余りにわたってこの鑑評会一般公開に参加してきた。その記録をまと

金賞酒（2000）

もの書きになる方法（1992）

めたのが『金賞酒　―全国新酒鑑評会の歩み』（たる出版）である。私は学者ではないから表現はあくまでも私流の批評であるが、ここは質の高い酒を試すのにはいい機会といえる。

私は幻の酒を書くつもりはない

私は処女作の時から「酒だけを書こう」と思ってきたわけではない。いずれは……と著述についての意欲、志向は大いにあった。したがって、酒を書く合間にも酒以外のテーマでいくつか書いてきた。平成四（一九九二）年の『もの書きになる方法』（三一書房）はその一つである。これには私のその時までの、著述の途に入った動機や経由などを書き留めてある。今にして思えばそれ以降の変遷も大きいので、いずれ酒業界の動向に合わせて、マスコミ界の酒に対する関心の流れや、酒の広告との関連なども書きたいと思っている。

お酒の「いま」がわかる本（2005）

昭和四十年代の初めに私が酒の本を書いて以来、私よりも年長者で酒を書く人が続出した。民間で「日本一の酒が決まった！」と煽る人がいれば、特定の銘柄を「幻」と持ち上げる人もいる。話題を盛り上げたい一部のマスコミがこれに便乗する現象である。

全国新酒鑑評会の評価にも見る通り、今や日本酒の内容はかなり高度な水準になった。そんな中での「幻」となると、よほど珍しい内容で、それも量的に少ないことが条件となるだろう。しかし、今のわが国にそんな酒が果たして次から次へと存在するかどうか。

仮に目かくしテストで、昨今「幻」と騒がれている銘柄と別の同じ値段の酒とを比較して飲んでみると、「幻」現象のいい加減さがよくわかるはずである。「幻」に踊らされやすいドリンカーは他人の評価に弱いのである。

どんな酒にも長所があれば、短所もある。私も若い頃は短所をあげつらったこともあったが、今から見れば若気の至りで、酒はできるだけいい面でクローズアップしたい。

平成十七（二〇〇五）年の『お酒の今がわかる本』（実業之日本社）は韓国で現地語でも出ている。同十九年に『日本酒党の視点』（技報堂出版）、二十二年に『日本酒で乾杯！』（同）そして二十四年に酒の健康書の『酒は最高のサプリメント』（ペガサス）と続いている。

以上の大半は国立国会図書館に収まっている。

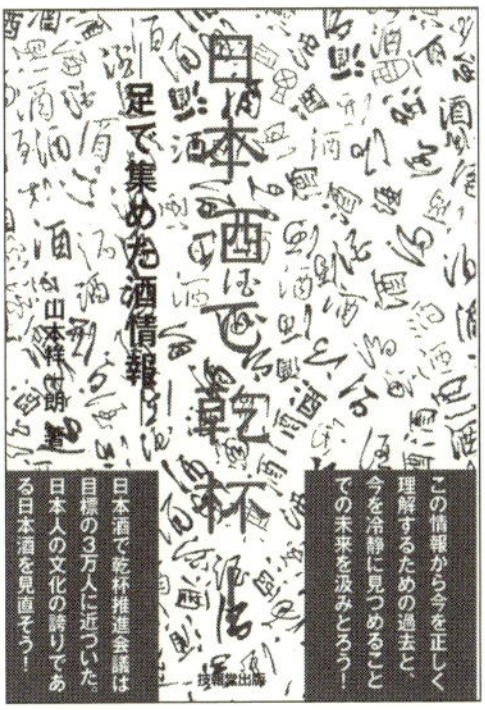

日本酒で乾杯！（2010）

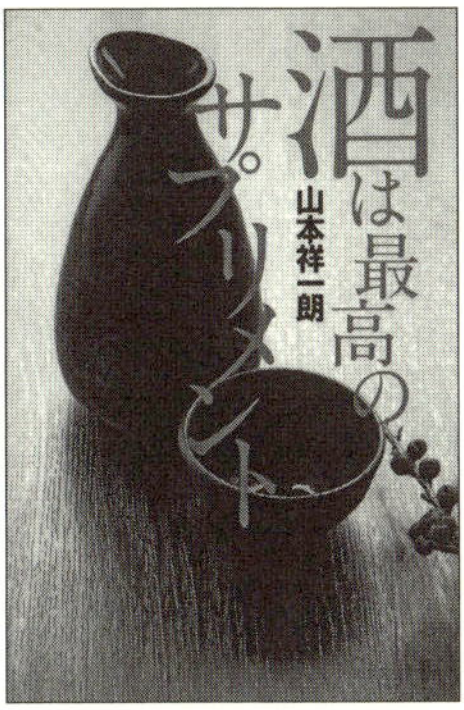

酒は最高のサプリメント（2012）

日本酒を書いた人

❖ かつては〝珍本〟の部類

出版不況といわれるなかでも、「グルメ本」や「酒の本」などには、地味ながら根強い読者がある。

私が昭和四十三年に『みちのく酒の旅』(秋田書店)という処女作を出した当時は、酒の学術書のようなものはあったが、地酒をテーマとした紀行などは珍本の部類だった。昭和四十年代の初めといえば、高度経済成長まっただ中の頃である。やれ新幹線だのマイカーだのへと人々の足が集まるなかに、鈍行で地酒を飲み歩く、まるで時代に逆行した話の珍しさが受けたものと思われる。

昭和五十年代に入る頃から、稲垣真美、篠田次郎、穂積忠彦といった私よりも年長の諸氏が酒の本を書きはじめた。

稲垣氏は五月のゴールデンウィークになると、『週刊新潮』で酒の広告の解説などをなさっていた。

篠田氏は、かつては福島県南にあった「東駒」という酒蔵の技術顧問をなさっていたが、そこでの安酒造りから足を洗ってからは、その反動のように吟醸酒の解説を始められた。

穂積氏はかつて国税局で鑑定官であった人だが、退官後は歯に衣着せぬ論評で知られていた。私とはウィスキーのカラメル着色のことで論争したことがあったが、晩年にはすっかり人柄も丸くなられ十年余り前に逝かれた。

学者の先生の書かれたものでは、故・坂口謹一郎氏の『日本の酒』『世界の酒』(いずれも岩波書店)が有名だが、坂口氏は「私が死んだ後、酒の様子も変わるだろうから、日本版は秋山裕一君が書きたまえ」と弟子に遺言された。秋山氏の本はその後出版された。

本ではなくて雑誌ならば、私の処女作が出る以前から『酒』という月刊誌を主宰なさっていた佐々木久子氏がある。この雑誌は通巻五〇一号をもって休刊となったが、その時の佐々木氏の激励会の世話役を私が務めた。列席されたなかには、やはり酒の著作もある東京農大の小泉武夫教授などもみえていた。

❖いまではライター続出の時代に

最近は、ソムリエの田崎真也、木村克己などの諸氏が日本酒の本で解説をしておいでだが、酒の褒め言葉が多彩なのは驚くばかりである。フランスやイタリアなどの男性が女性を口説く文句には歯の浮くようなものが少なくないが、それがワインへ、そして日本酒へと伝播してきた感さえある。もちろん、酒を褒めるのはいいことだ。もっとも度を過ごすと耳障りになりかねないが……。

また、若手では松崎晴雄、藤田千恵子、漫画家の高瀬斉の諸氏のほか、日本酒だけに限っても続々と登場してきている。

ただ、刊行される焼酎の漫画本の原稿を「目を通してチェックしてほしい」と依頼された酒業者が、「あまりに間違いが多いので驚いた」と言っていた。素人の「酒ライター」続出の折柄、もって他山の石とすべきだろう。

§3 酒で一体感になる習性

習性とは?

生来、地声が大きいので、わが家の猫は私の大声を聞くと飛んで逃げるくせに、晩酌をはじめようとすると決ってその猫が私の膝へと寄ってくる。刺身の切れ端にありつくためである。これがわが家の猫の習性なのだ。

「習性」というのを『広辞苑』(岩波書店)でみると「①習慣によってつくられた性質。くせ。ならい。②動物のそれぞれの種に一般的に認められる行動様式」とある。つまり、習性とは動物全般に共通する習い性ということである。そこで、前記の「晩酌」という人間の習性であるが、そこでの酒選びについてまず考えてみたい。

淡泊な和食に馴れた習性

私の晩酌は、湯上りにビールで口を湿らせた後、豆腐や刺身を肴に日本酒を傾ける。時として焼酎で通すこともあるが、これはその日の料理による。根っからの和食党であれば、ワインが食卓にのぼる機会はごく稀れで、近頃では晩酌ならぬ昼食のスパゲッティの時くらいだったろうか。

誰れしも晩酌の酒選びは、習性として自分の口に馴れたものに手が出よう。「昨日に続く今日」という生活サイクルに安住していればなおさらで、そんな当人の味の嗜好はそのあたりから固まってゆく。

ところが私の場合は、仕事柄あちこちへ出掛けるために、わが家での晩酌とは勝手が違い、いろんな酒が食膳に供せられ、好むと好まざるとにかかわらずそれらを口にする機会が増える。

外国旅行の際はその端的な例で、毎日が種類の違った酒を口にする羽目になる。日頃から馴染んだ酒を飲むのに抵抗はないが、馴れない酒を口にすることに終始すれば、その抵抗感のあるぶんだけ「書く」上でのネタにはなるのだが……。

ワインを常用するヨーロッパの人たちに、私の晩酌用の日本酒を飲ませて感想をきくと、その繊細なよさを認めた上で、彼らの食事に合わせるには物足りないという反応が多い。これは中国の人たちが日本酒を「浅い」と表現するのにも通じ、いずれも淡泊な和食を口にする習性がないのだから無理もないのだ。

酒にスタンバイする心身の習性

「昨日に続く今日」の生活ペースに浸りきっている当人にとっては、昨日と同じ酒を選ぶのがごく自然である。

どの酒をどのていど飲めばいつものペースで快適でいられる、と自覚するドリンカーはいつもの晩酌の時間が来ると、そこで決った酒に対して心身ともにスタンバイする。

このスタンバイする状態が病的に極端に走ったのが中毒症ということになるわけで、そのあたりの兼ねあいには微妙なものがある。

よく売れ、よく飲まれているアルコール飲料には、それだけその味に対して軽度の中毒的な感触を覚えるドリンカーが多いということでもあろう。

のど越しの快感にゆだねる習性

新潟大学歯学部の真貝富夫氏が「のど越しの感覚を探る」（『日本官能評価学会会誌』第四巻第一号）と題して、飲料ののど越し感覚を分析しているのが面白い。軟水のボルヴィック（硬度50）は金属的な味で固まりとなってのどをくだっていくのに対して硬水（硬度298）のエビアンはまろやかでのどをするすると通っていく、という体験談にはじまる。常識的に考えればミネラル含有量の多い硬水の方が硬い感じに受取られがちだが、そうでないところがのど越しの複雑な感覚だというのである。

なんでも人間の味蕾《みらい》は八千個もあり、そのうち舌の前の方には20％、咽喉、つまりのどの部分には27%もの味蕾が存在する。しかも、のどの粘膜から感覚中枢に送られる情報はかなり強いものであることが述べられた後、ビールや大吟醸酒ののど越しが分析されているのである。

ビール、つまり炭酸からのどに受ける刺激の強さを示したところで、ビールのつまみとして塩辛いものを口にすると、後味が消されて次に飲むビールが再びおいしくなるという理屈、これに対して大吟醸の場合には、初めに存在感のある芳醇な味に旨さを感じ、すっきりしたのど越しのキレのよさに後味のうま味がすっと消えていく感触——つまり酒類によってののど越しの快感の違う点が述べられている。

先入観から手が出るという習性

のど越しを愉しもうとするのは、その快感を求めるからである。人それぞれに快感の度合いは違うにせよ、快感にひたるための飲酒であることは誰れしも共通している。

人間の諸々の欲望のなかで、広い意味での食欲のうちの飲欲ということになろうが、この欲望、煎じつめていけばかなり奥が深い。

ある酒を飲みたい、という心理状態になる要因として、その酒であれば当人にとって最も快感が得られるから、と考えるのが普通である。その酒の香り、味わい、そしてのど越しなどによって欲望を満たすことができると当人が思っていればこそ、その酒杯を傾けるわけだ。

飲む当人はそれまでの習性として、その酒の特徴を心得ている。仮に、びっしょりと汗をかいた後でなら、苦味価《くみか》（分光光度計で測定したイソフムロンなどの苦味の成分を数値で示したもの）が低めでさっぱりしたタイプのビールのよく冷えたものを飲んで、快感をかみしめたいのである。

こってりと脂ののった中華料理を前にして、老酒を飲んでみたいと思う人は、それまでの経験で料理と酒の相性の妙味を知っているからだ。

和食党である私は晩酌に日本酒や焼酎を飲むにしても、料理のお膳立てによって酒質を選ぶ。どの酒なら飲欲が満たされるか……若しもその時の料理に合う酒質が無ければ、複数の酒をブレンドすることもある。これもまた習性である。

ある層のドリンカーの習性を捉えれば…

メーカー、蔵元とすれば、出荷する酒に自社のカラーを自信をもって打出している。それを勝手に他社の製品とブレンドしたりすれば、メーカー側の鼻先をひっかきまわすようでメーカーは面白くなかろう。が、何もわれわれ消費者がメーカーに気を遣うことなどさらさら無いのである。

私が何よりも気に入らないのは、やれ幻の酒だの何だのといった世評に動かされて「幻の酒なら旨いのではないか」という付和雷同的な消費者心理である。

自分の好みを正確に打出す前に、他人のうわさ話に動かされがちな人は、飲む前からイメージとして酒の味を決めている情けないドリンカーである。

しかし情けないとはいえ、風評によって一部の酒の売行きが左右されてきたことも事実で、そんな風評をささえたのは宣伝よりもクチコミによるところが大きい。

ただ、人が騒ぐから飲んでみたが、たいした酒ではないと認識したドリンカーは、いずれその酒から離れていく。ブームは次にくるブームにとって替わられるのが宿命ながら、そんな中でブームのさなかにしっかりとある層のドリンカーの習性を捉え得たブランドだけがそれなりに残っていく。

返り注文こそが習性の第一歩

前述の「中毒」についてであるが、ドリンカーがある決った酒を選ぶ「癖」こそが、その軽度の中毒というものである以上、メーカーとすればいかに自社の味にドリンカーの「癖」をつけるかが命題なのである。

酒の新製品を打出そうとする際に、メーカーはその味の設計をたてる。その時、世間で売れている味を分析し、その上で自社のカラーをどう生かせば先々ドリンカーの酒選びの習性に結びつけられるか、と考える。

あるメーカーからその時に売れている味の分析グラフを詳細に検討した上で、飲まれ易く売り易い酒造りの戦略をたてた経緯を見せられたことがあった。その時のオーナーの話である。

「こうして綿密に計画を立てますね、そこでこれなら間違いなく当たると思うから踏みだしてみるのですが、簡単に思惑通りにはいかないものです。ヒット商品が出るというのはタイミングと運の要素も大きいですから、あるていどは反応を見る期間も必要です」

出した時にはそれほどの反響は無かったものの、徐々に返り注文が来るようになりさえずればいいのである。すぐさまヒットとはいかないまでも、ドリンカーに習性がつけばこその返り注文なのだ。

日本人の苦手な「生酔い」という習性

地中海やその沿岸の人々は、午前中の仕事を終えると延々とワインを飲みながら昼食をとり、三時前後から八時頃までぐっすりと眠り、再びワインを飲みながら深夜までの夕食をとる。こういう習性に身を置くと、われわれのように日に一度の晩酌という習性からは考えられない酒びたりとなる。

糖度の勝ったこれらのワインで終日酔っているのがキプロスの人たちの習性。

午前中の仕事の間と寝ている以外はのべつまくなしに飲んでいるのだから、早い話、四六時中酔いの波間に身を置いている感じなのだ。

一日の終りの晩酌ならば、そこで酔いのピーク感がくるとそれなりに飲酒もおさまるが、ちんたらちんたらとスローに飲み続けるとなると、ピーク感がないのである。私はこれを「生酔い」と自分流に名付けているが、どちらかといえば日本人には苦手な酔い心地だろう。

私は「地中海の楽園」とも呼ばれているキプロス島を二度訪ねているが、ここに滞在している間はまさに生酔いの連続だった。ワイナリーや観光地めぐりをやっていたから、昼寝こそできなかったものの、目覚めている間にワインの途切れることがなかったのである。

ところで、習性とはおそろしいものと感じたのは、そんなキプロス島から帰国してしばらくの間、和食党の私が昼食にはスパゲッティのようなものを選び、少々ながらワインを傾ける癖がぬけなかった。これ、旅の習性の余韻である。

時流に合った味への習性

長年の間に身についた癖というのは、そう簡単になおるものではない。しかも年齢を重ねるほど、当人が自覚するしないにかかわらずいろんな癖が増えてくる。人は老齢化とともに行動する範囲が狭くなるのが普通で、そうなれば癖はますます偏っていかざるを得ない。

メーカーがある商品を打出そうとする際は、どのような愛飲層にターゲットを絞った味のものにするかが、まず課題となる。味に保守的な高齢層か、新しいものに興味を示す若年層か、どの年齢層のどんなドリンカーに受けるものを工夫するかによって戦略は変ってくる。

ところが中には、年齢層などを超えた「広い愛飲層の嗜好に合う味覚」として企画し、それが多くの人に受ける酒としてヒットを続けている場合もある。これぞ、万人の習性をうまくキャッチできた好例である。

この万人へのヒットこそが、時流に合った味ということなのだ。「酒の味に時流なんてない」というメーカーは、時流を無意識のうちにとり込んでいるか、そのことに全く無頓着かのいずれかで、後者だとすれば続けて売れるわけがない。酒から離れて、コーラという飲料なぞ、戦前、戦中時代の日本人の間では全く馴染めないものだったし、こんな味が流行ることなど考えられなかった。日本酒にしても、戦前、戦中によく飲まれた味と昨今の味の違いようは、まるで、別の酒かと思えるくらいである。これらすべて「時流」のなせるわざに他ならない。

*

どんなブームでもブームと名の付く以上、上昇期があればピークがあり下降期がある。それもまた時流といえるわけで、ブームに乗った時に万人の習性をあるていど継続的に捉え得た酒こそがヒット商品ということになる。そしてよく売れる酒は、あくまでも味と量などの値頃感が消費者の購買心理に添っているからに他ならない。

「珍しいから」が継続的な購買動機にならないように、味と値段のそぐわない酒に購買客の手はのびないし、そこから習性の生れるわけはない。

酒の売行きは、すべて習性の上手い捉えようにかかっている。

§4 酒を注いだり注がれたり

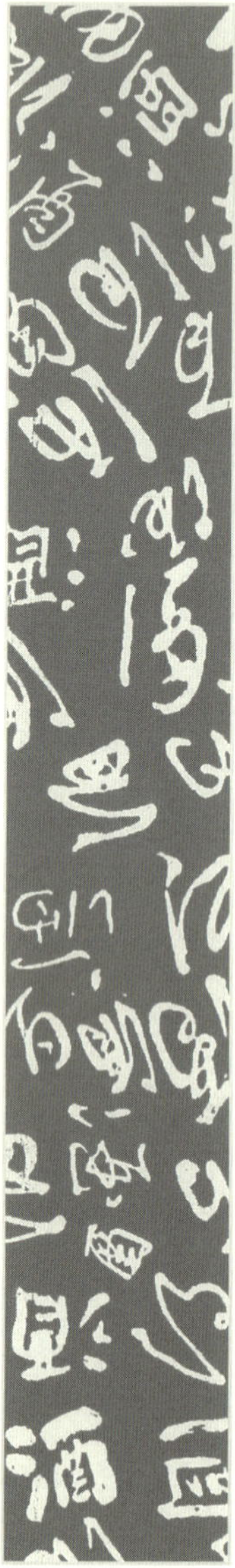

ビールの大瓶は酌に便利

今回は宴会での「酌」のマナーなどについても話してみたい。

「さあさあ、一杯」といって飲む相手に酌をする風潮は、わが国には根強い。

ところがヨーロッパなど海外では、酌による交流などほとんど無いといってもいい。日本人の団体でのツアーの一行がレストランでワインを注ぎ合っている光景なぞ、外国人の目には奇異に感じられるのではないか。

今から三十年、いや二十年余り前までは、ビールは６３３㎖の大瓶が普通に広く使われていた。これは小瓶よりも酌をするのに便利だったからである。パーティー会場などでは、大瓶の林立である。

そんな会場へは会場側の業者などが、宴会前に片っ端から栓を抜いていたものである。開栓さえしておけば、そのビールは飲まれなくとも消費されたのと同じで売上げとなる。最近では缶ビールがすっかり普及したために、大瓶ビールをいっせいに開栓する光景は見られなくなった。

ところで、わが国で大瓶が全盛だった頃にアメリカのバドワイザー社では、ビールの大瓶を試験的に作ってみたものの、やはり国民性にあわない、と中止した経緯もある。

テレビでやった献酬《けんしゅう》について

話がビールの酌にはじまったが、これも従来の日本酒の酌の習慣の流れだったと見ることができるわけだ。

そこで日本酒の酌について考えてみたい。

ずいぶん以前のことになるが、「酌のマナー」ということで私が出たテレビの記録があるのでご紹介する。これはＮＨＫ『作法の極意』いう番組中のコーナーの「作法相談室」の場面である。

場所は町の床屋で、ご主人が柄本明さん、その奥さんが竹下景子さん、従業員が中山忍さん、そして近所の商店街から浅丘めぐみさんが遊びに来ているという設定である。

そこへ私が登場して、酒の献酬について訊かれるままに話すというわけだ。

まず、中山さんと浅丘さんに、普段にやっている様子を見せてもらい、それを私が修正しながらやってみるという段取りだった。

正式には…　最近では…

酌をするのは、来客とか目上の人に、まず酒をすすめて飲んでいただいた後で、酌をした側が「お流れを」といって同じ酒盃を返してくれるよう頼む。つまり、水が流れるように一つの酒盃が行き交うことを催促するのである。

ただ、同じ酒盃での交流を不潔だと嫌う人があるかもしれない。そんな場合には、盃洗《はいせん》といって水を張ったドンブリ状のものが置かれることもある。瀬戸物店などではドンブリの陳列コーナーに並んでいたりする。これで酒盃をすすぐのだが、この風習も確かに少なくなったようだ。

この番組は前述のように『作法の極意』だから、前半では生活評論家の吉沢久子さんの祝儀、不祝儀の話があった。ここで吉沢さんは、「正式には○○でも、最近では…」の注釈をつけておられた。

TPOに応じた飲み会を！

このような番組は録画どりだから間違えればやり直せばいいが、一発でOKだった。ただ、本番に使われたのは「酒」ならぬ「水」だった。やり直しが多い場合のスタッフの懸念かと思うが私が酌した竹下さんが、飲んだところで、「あーあ、酔ってしまいました」と笑いながらとっさに言ったのは、さすがに女優である。

NHK『男の食彩』のスタジオ（中央が筆者）

NHKの番組といえば『男の食彩』で燗酒の話をしたこともあり、この時は燗の温度や燗にまつわる話をしながらリハーサルと本番を併せて五合（900㎖）ほども実際に酒を飲んだ。

冷やで飲むときは独酌もいいが、燗酒となると相手でもあった方が酒が進む、という向きは多いのではないか。

NHKの燗酒の話では陶芸家の人が、きき手役で酒の相手をしてくれた。燗酒の歴史から燗の温度など訊かれるままに話しながら飲むという進行である。合間に料理が運ばれてくるから、その料理と酒の相性についてもふれながら酒を酌み交す。こういう場合は正式な献酬にそれほど気を使うこともない。

つまりはTPOをわきまえての酒の酌み交しである。酒の飲み会の多い季節など、正式な献酬であれ、気軽な飲み会であれ、場に応じてマイペースを崩すことなく乗りきられんことを！

§5 酒をつなぐ小道具の歌、ネクタイ

一緒に唱って盛り上げよう

酒のムードを盛り上げる小道具は何んだろう、と考えて思いついたのは「歌」である。ドイツの酒場ではよく「アイン・プロジット」の合唱が起こる。飲んで気分が高まると、誰れが口火をきるともなくジョッキを傾けながらの大合唱となるのだ。見知らぬ同志が同じ歌を唱うことで連帯感が生れる。ドイツのミュンヘンでの世界最大のオクトバー・フェストに行った時、見知らぬ多くのドイツ人と肩を組んで唱ったものだ。

わが国で人々が一緒に唱えるのは何だろう、と思いついたのは手拍子ソングである。民謡での手拍子ソングは多いが、日本酒を飲んで唄うとなればそれにふさわしい文句はないか、と考えて次の歌詞をつけてみた。

ひとり酒場で飲む酒は
○○銘酒　○○○
ふるさと遠く　離れても
思い出します　山や川

ふたり酌みあい　飲む酒は
○○銘酒　○○○
さしつさされつ　飲むほどに
酔えば心も　気も通う

つどい輪になり　飲む酒は

「日本酒をのんで歌ううた」（作詞・柴田畔酔　作曲・森島みちお　演奏・アテネレコードアンサンブル）

〇〇銘酒　〇〇〇
花見、すずみ酒、紅葉、雪見酒
飲んで手拍子　酒の歌

三十年近く前ではレコードである。歌の〇〇の部分には自分の好きな酒の銘柄を入れてその地方の名も入れて唱ってほしい、と裏面はカラオケの伴奏だけとしておいた。ただ、唱う部分では、相撲取りのシコ名が酒の銘柄に似ていることから、当時の横綱の名前を入れて、

どさんこ銘酒　北の湖
みちのく銘酒　若乃花
北陸銘酒　輪島関

と、しておいた。

唱ったのは私自身である。

著作には印税なり原稿料なりを頂いているが、歌は素人だから自費である。ただ、酒造組合とか蔵元、流通などの買上げがあって、レコード会社は黒字が出たということで、そのぶんレコードを頂戴した。

以上が素人歌手の顚末である。

酒のネクタイでの連帯感

次に連帯感ということで思いついたのは、同じネクタイである。

「酒」の文字を散りばめたネクタイはどうだろうと思い、古今東西の著名人の書いた酒の文字を集めてみた。豊臣秀吉や徳川家康、中国の李白や杜甫をはじめ多くの政治家、文人などの書いた文字を散りばめたネクタイを作ったのである。

それもエンジからブルー系統など、六種類の酒の文字ネクタイである。これは赤字こそ出さなかったが、著述を本業とする自分が入れあげることでもない、と数年前に作るのを

中止した。
今でも酒のパーティーなどへ行くと、このネクタイを締めている人を時折見かける。ただ、これで連帯感を盛り上げるとなれば、かなりのエネルギーが要るようだ、というのも率直な実感で、どなたか関心のある方には版権をお譲りしたいと思っている。

§6 酒の進物を考える

百貨店の歳暮事情

お世話になった方に物を贈るのはごく当り前のエチケットながら、それが常識の度合いを越えた贈り物となると、場合によっては賄賂から汚職へとつながりかねない。その点からも酒の贈答なら、金額面からも無難といえるのではなかろうか。

新宿で開かれた私の「酒の情報講座」では、新宿にある百貨店における前年暮れの酒の贈答、つまり歳暮の状況を説明することからはじまった。

酒の流通の上で、歳暮の荷動きは時勢を敏感に反映しているともいえよう。どの百貨店ではどんな酒類がどの程度さばけたかを私の調査資料をもとに解説し、その後で百貨店を、順次視察してまわったのである。参加者は蔵元を中心とした二十社の人たちだった。

新宿駅南口そばのサザンタワーを足場として、向かいの高島屋をふり出しに伊勢丹、三越（現在のビックロ）、小田急、京王の順で視察したが、参加者の一人が歩数計でみたところ五千歩あった由で、アップダウンも多いだけに結構いい運動にもなったようである。

感謝の誠意が伝わればいい

ところで、平成七（一九九五）年の正月明け早々に、有楽町西武百貨店の地下にあった食品売場が閉鎖された。ここはもと東宝の劇場のあったところで、隣接する同系列の阪急百貨店はテナント料も安いが、外様である西武百貨店は家賃の負担が高い。もともと利幅の少ない食料品は赤字続きだった。しかも、同じ銀座に出現した二店の酒のディスカウントストアに洋酒部門はすっかり客足をさらわれてしまい、日本酒売場だけがかろうじて黒字を続けていたのだ。しかし、トータルでの大赤字では、日本酒売場だけが営業を続けるわけにもいかなかった。

ところで、かつてはステイタスがあるとされていた百貨店の贈答品に対し、それを攻撃する側のディスカウントストアはどのような策を打ち出したか。

銀座に進出した酒のディスカウントストアのＢＩＧという店では、酒の贈答期になると「まごころの贈り物は手渡しで……」のキャンペーンをはって、包装紙を別途に売ったのである。贈答品を相手に手渡しするのは、郵送するよりも丁寧である。それはいいとしても、まさかディスカウントストアとわかる店の包装紙のものを持参するわけにはいくまい。そこでＢＩＧでは、店名の入らない美しい包装紙を五十円、百円、二百円（リボン付き）で別途料金で売ったところ、このアイデアが当った。こうして贈る相手に直接に会う機会をつくれば相応に誠意も通じるであろうし、相手の好みを知るチャンスも増えるわけだ。

贈る以上は内容の吟味

酒がテーマの著述の多い私のもとへは、全国各地からいろんな酒が届けられる。しかし私の場合、送り主にその酒の所感を伝えるという仕事がらみだったりするから、必ずしも単なる贈答ばかりとはいえない。もっとも、中には送ってくれた酒はなかなかのものながら同じ酒をその地元で飲んでみてあまりの味の落差に驚いたようなこともある。

洋酒に比べると、日本酒はデリケートなだけに、発送する際には万全の気配りをするのが普通である。従って、直かに私のもとへ来る酒で味が劣化したような例は少ない。しかし、流通面でかなり手間どった上に、酒屋の店頭で棚ざらしになったような日本酒は、たとえそれが名の知れた銘柄であっても、妙な老《ひ》ね加減はどうすることもできない。

世に「幻の酒」などともてはやされている銘柄でも、ディスカウントストアの店頭では必ずしも安くないどころか、むしろ高値で並べられているものも少なくない。しかしこの不景気のご時勢ではそれほど売れないため、自ずと埃を被って歳月を経たようなものをよく見かける。手渡しが効果があるとはいっても、こんなものを提げて行ったのでは恥をかくのがおちである。

外装や体裁で酒を選ぶ人

高価な酒の贈答品では、豪華な容器や桐の箱入りなどというのも珍しくない。贈答品のイメージを上げるのに中にはその容器や箱代だけで全体の値段の二割、三割を占めていたりするような例もある。

ヨーロッパのワインの中には、ボトルやラベルはやけに質素ながら内容が充実しているものによく出くわす。外装よりは中身が肝腎なのは誰しもわかっているのだが、贈答となると、日本人はどうしてもみてくれにこだわりがちである。そのような外装や体裁にこだわる人ほど、自分で飲む酒選びにも能書きや体裁にひかれやすいようだ。

ラベルの肩貼りに「金賞受賞蔵」などというのが付いていたりすると、それで酒を選んだりする。仮に、その酒を飲んでみて思ったほどの内容ではなかったとしよう。次に酒を買いに行ったとき、その人が何を選ぶかといえば、やはり別の「金賞」マークの付いた瓶に手がのびる。このような習性は、異性をみる際にその容貌の美しさだけで選ぶのと同じではないか。いわゆる俗にいう「メンクイ」なのである。

自分の飲む酒をメンクイ的に選ぶドリンカーは、酒を贈る相手にも丁寧であろうとして、外装や体裁、かっこよさで選ぶ筈である。贈られる側もメンクイならおあいこだが、中には「外装より中身」の飲み手も多い筈である。そんな人の目から見るとメンクイ派は軽く見られがちなのだ。

過剰包装は止めようというのが時代の傾向であり、この風潮が進むにつれて中身重視となるだろう。

実用性ということ

仮に一万円の予算で日本酒を贈ろうとする場合、大きく分けて二通りの考え方がある。一点豪華主義で1・8ℓなり720㎖なりが一万円という代物を選ぶやり方と、贈る相手方が晩酌などで気軽に飲っているであろう酒を、それこそ一万円分も揃えて贈るやり方である。

形式にこだわる向きには抵抗感があるだろうが、実用という面からは案外と後者のやり方のほうが相手方に喜ばれるものなのだ。とりわけ昨今のような不景気なご時勢ではなおさらである。

実用性ということでは、こんな例もある。球磨焼酎のメッカである人吉では、仮に到来物で日本酒が届けられたような場合、それを酒屋へ持って行って球磨焼酎にとり換えてもらう。これは人吉ばかりとは限らない。薩摩焼酎の本場の鹿児島での芋焼酎党は、日本酒よりも芋焼酎であり、大分なら麦焼酎だろう。やはり同じことをやっている。贈る側がつねに相手方の嗜好をよくのみ込んでいればこんなことにはならない。

酒はスマートな贈り品

感謝の気持ちを込めた贈答品として、酒を選ぶのはスマートなやり方ではないだろうか。人によって考え方もあろうが、相手方の手許にいつまでも残る記念品のようなものだと、どうも押しつけがましさを与える感じがしないでもない。

贈った品物はサラッと使って頂きたい、という心情が食料品には込められている。それが酒であれば、それによってお疲れをほぐして頂きたい、という心遣いもある。「心暖まる進物」のランク付けをすれば、酒はそのベストの範疇に入るだろう。

決まったイメージで相手に与える印象

酒の進物も時流、世相には敏感で、昔の輸入ビールブームの時は輸入ビールの詰め合わせセットがよく出たし、赤ワインブームの際にはやはり贈答でも赤ワインがよく売れていた。しかしどんなブームにもピークがあれば、次第に陰りもみえてくる。ブームを敏感に察しての酒選びも悪くはないが、そのために贈答の酒をころころと変えるよりも、「あの人からは、いつも自分の好きな○○が来る」と決まったイメージを抱かれながら贈り続けたほうが、相手に与える印象はいいのではないだろうか。

§7

揺れた酔心地、飲んだ酔心地

まえがきでもふれたように、酔えるひとときこそ誰れしも至福の時間である。そのテーマだけに絞って『新潮45』の誌上での宮脇俊三氏との対談である（一九八二年十二月号）。ただ、当時の蔵元が今では二千軒をきっている。

ローカル線と地酒の関係

山本　『終着駅は始発駅』など、お書きになった本を拝読しますと、宮脇さんは、列車の振動に体質がぴったり合ってらっしゃるような気がしました（笑）。

宮脇　ええ、そうみたいです（笑）。自動車のゴムタイヤみたいにブヨブヨする振動はだめなんです。汽車のゴッンゴッンと感じる振動が堪らないんですね。ですから新幹線の継目なしレールというのはちょっと物足りない。

山本 私の場合、旅先で〝飲む〟ことが目的ですから、列車自体にはそれほどこだわらないんです。それでも、ローカル線にガタゴトとゆられていくのは好きですね。知らない町でふらっと降りて、知らない地酒を飲む、そんな旅ばかりやっておりましたから。

宮脇 そもそも地酒というのは、日本全国にどれくらいあるもんなんですか。

山本 地酒と一口にいっても、実は、定義がないんです。「名もなきひなびたローカルの酒」なんて表現をしていますが、生産高の石数で決めているわけではないし、神戸で飲む灘の酒や京都で飲む伏見の酒はその土地の酒、つまり地酒といっておかしくない。ですから全国に酒蔵が二千六百余りありますし、一蔵で何銘柄か出しているところもあってかなりの地酒があるということになる。

宮脇 イメージだけあって定義がないという点ではローカル線と一緒ですね。要するに大都会とは対照的な土地へ出かけていって、方言など聞きながら乗った列車はローカル線といえるし、飲んだ酒は地酒といえる。

山本 その意味で、ローカル線にとりつかれた宮脇さんの旅と、地酒を求めて歩きまわった私の旅とは、共通点があるような気がします。

宮脇 ひとつはっきりとした目的があると、いわゆるだれでもいくようなところではないところに行ける。私の場合は乗るのが目的ですから、焦点が移動してしまって少しボヤけたところがあるけれど、その点、地酒が目的とはうらやましいですね。目的物を飲みこんじゃうんだから、こんなたしかなことはありません（笑）。目的が個性的ではっきりしているというのがそれが一番大事で楽しい旅の方法じゃないかと思いますね。東北新幹線にしても、便利になったからとばかり、ワッと出かけて十和田湖や八幡平あたりをバスで一巡りして、記念写真を写して帰ってくるんじゃ、本当の東北を見たことにはならないような気がする。他人事ながら心配してしまうんです（笑）。

山本 私にとって、酒どころ新潟に新幹線が開通してくれたのは有難いんですが、一時間四十五分で着いてしまうというのもちょっと味気ない気がしますね。

宮脇　上越新幹線の方は、これはまあ飛行機と同じでしてね。向うが空なら、こちらは地下。試乗してみますと高崎から長岡まではトンネルばかりなんです。地下鉄と一緒（笑）。

山本　ただ、今まで東京からはあまりなじみのなかった羽越本線沿線の瀬浪《せなみ》温泉とか、温海《あつみ》温泉、湯野浜温泉、湯田川温泉などに気軽に足を伸ばせるのは有難いです。

宮脇　そうですね。瀬波温泉の玄関口にあたる村上という町は私は大好きです。こぢんまりとした城下町ですし、市内を流れる三面川《みおもて》には鮭も上ります。

山本　いわゆる観光地からワンポイントはずれたところにいい町がありますね。

冬の三陸は海の幸の宝庫

宮脇　東北新幹線が出来たので、十和田湖などますます賑わうのでしょうけれど、あのあたりでもちょっと場所をずらすといい。休屋《やすみや》に泊まらないで隣の宇樽部《うたるべ》にするとか、酸《す》ケ湯《ゆ》に泊まるなら、もう少し手前の猿倉《さるくら》温泉や蔦《つた》温泉にするとか。正月休みでも、観光地近くの小都市の旅館やビジネスホテルはガラガラなんてことがよくありますからね。花巻温泉に行かないで北上や一ノ関に泊まる。夕暮れどきこそんなどうってことのない町をぶらっと歩き回るのが私は無性に好きなんです。

山本 何となく手もちぶさたで、一人で旅館を出て飲み屋を探したりする気分は何ともいえずいいもんですね。

宮脇 ただ、そういった旨い物が食べられて、安心して酒の飲める店というのを訊ねる相手が難かしいんです。タクシーの運転手にきくとボリュームのあるところを教えられてしまって、私のような齢の者には向かない。女性の場合は味より店のムードが主眼になる傾向がありまして、これまただめ。結局、ホテルのフロントに聞くのが、私の経験からいうと一番いいですね。

山本 私の場合、まず入って、冷奴《ひややっこ》のような簡単な酒の肴を注文するんです。出てきたものの質と値段の相関関係でいい店かどうかわかる。

宮脇 それから、土地の人が一杯入っていて、小綺麗じゃないところがいいですね。

山本 まず、観光客向けの民芸風という造りの店は避けた方がいい。これから冬に向かって、東北の三陸海岸あたりは、海の幸がおいしくなります、食べ歩きには絶好のシーズンですね。観光客も少ないでしょうし。

宮脇　そうそう。盛岡から山田線に乗って宮古、釜石にかけては、入江のひとつひとつが漁港ですね。魚市場を見て歩くだけで楽しい。ホヤなんかその場で切って食べさせてくれました。

山本　新鮮なホヤは臭みもなくて、酒の肴にはこたえられませんね。

宮脇　釜石から南にちょっと下ったところに唐丹《とうに》という小さな漁村があります。ここに泊った時は食事はもちろん、サービスもいうことがなかった。そういう場所はあのあたりにいくらでもあります。石巻近くでも、金華山に向かう途中に月ノ浦というカキの養殖をやっている土地がある。例の支倉常長《はせくらつねなが》が船出したところですが、そこで養殖場をのぞきこんでいたら、土地のオバサンが好きなだけ食べていけというんです。この時はレモンを持ってこなかったことを悔みましたね（笑）。

山本　陸中海岸には、船越《ふなこし》の「タブの木荘」、姉ヶ崎の「宮古国民休暇村」、田老《たろう》の「三王閣」、普代《ふだい》の「くろさき荘」と、国民休暇村、国民宿舎があります。年配の方は国民宿舎というと敬遠されるかも知れませんが、特別注文で並の旅館よりはずっと豪華な料理を出してくれますし、使わない手はないです。

宮脇 私は町中の旅館に泊まることが多くてあまり利用する機会はないんですが、国民宿舎や、年金、健保のいわゆる政府管掌宿舎にも安くて設備のいいところが多いようですね。

乳頭温泉で雪見酒を

山本 数年前になりますが、旨い濁り酒を飲ませるところがあると聞いて、冬の最中、田沢湖近くの乳頭温泉に行ったことがありました。行ってみると雪のなかにこんこんと露天風呂が湧いているんです。ここで雪見酒とシャレこんで飲んだ冷たい濁り酒の感触はいまだに喉に残っている（笑）。今年の冬は是非東北新幹線で再訪しようというつもりです。

宮脇 あのあたりは、玉川温泉とか御生掛《ごしょうがけ》温泉とかいったいかにもみちのくの湯らしい温泉場が点在していますね。

山本　玉川温泉は冬期は休んでしまいますが、風呂場の入口は男女別々だけれども、中に入ると混浴なんですね。それを知らずに入ったらオバアチャンの団体が入っていて、びっくりして出てきたことがありました（笑）。

宮脇　御生掛はトルコ風呂の元祖のような蒸し風呂がありますね。木箱から首だけ出して並んでいる湯治《とうじ》風景は独得のものでしょう。

山本　いかにも湯治場といった風情ですね。

宮脇　上越新幹線沿線でいいますと、冬にスキー場と縁のない温泉を訪ねるのがいいですね。上毛高原という変な名前の新駅を起点にして。

山本　上毛というのは群馬県のことなんでしょうが、上毛高原というのは地図にも載っていないし、何か淫靡な感じのするネーミングですね（笑）。信州にいけば美ヶ原とか霧ヶ峰とか、何となくロマンチックな地名が多いのに、群馬県は、パッとした名前がなくて、その分、観光的には損をしているようなところがありますね。

宮脇　その上毛高原駅から西の法師《ほうし》温泉、東の老神《おいがみ》温泉などは、みちのくの湯におとらずひなびたいい温泉ですね。新幹線の開通でどこまで俗化されるかいささか心配ではありますが……。

山本　老神温泉では、梅干のテンプラなど色んな種類のテンプラを出してくれますね。海の幸がありませんから、いろいろな工夫をしているんでしょう。

宮脇　法師は金魚のテンプラね（笑）。

山本　上毛高原駅から北の方には、熊の入浴で有名な宝川《たからがわ》温泉がありますね。ここの露天風呂はスケールが大きくてプールみたいだけれど、岩風呂に風情があります。

宮脇　政治駅として話題になった浦佐駅で在来線に乗りかえて、小出《こいで》から入る大湯温泉、栃尾又《とちおまた》温泉もひなびていていい。

山本　新幹線でいく雪の温泉地というのは、上越の売り物になるかも知れないですね。

宮脇　温泉ばかりではなくて、雪は七難をかくすから平凡な街並でも風情が出てきますね。飯山線の十日町、在来線の小千谷《おじや》なども雪の日に歩いてみたい町のひとつです。

百四十段下ると混浴の湯が

山本　長岡の酒屋で、「幻の銘酒越乃寒梅の影武者の銘酒八海山」というキャッチフレーズを見たことがあるんです。ちょうど映画の「影武者」がはやっていた時で思わずふきだしてしまいました（笑）。この八海山と越乃寒梅は蔵元の御主人同志、いい日本酒を作るために研究しあった仲なんで関係はあるんですが。

宮脇　八海山は私も飲みましたが、喉ごしのすっきりしたいい酒ですね。

山本　東北の酒は甘口が多いんですが、越後の酒はさらりとして水に近いようなすっきりとした酒が多いです。

宮脇　飲んだ時は水みたいなんだけれど、あとからじわっと酔ってくるのがいいですね。

山本　飲んで飲みあきない酒です。私はどうも温泉でもそんな感じのする湯が好きなんです。例えば、これは東北新幹線のエリアに入りますが、福島から奥羽本線に乗りかえて、米沢で降りて行く白布《しらぶ》温泉なんか、すっきりとして入りやすい。何回入っても入りあきないという感じなんです。草津や万座などの硫黄のネットリとした感じの温泉だと、何か甘口の酒を飲まされているような（笑）。

宮脇　鉄道のことで恐縮ですが、乗って乗りあきないというのが、その福島から米沢の間の奥羽本線なんですね。ほとんどの人は特急を使われると思うんですが、この区間を鈍行でいらっしゃると、スイッチバックを何と四回も連続して楽しめる。

山本　ははあ。

宮脇　峠なんて駅がありましてね、ホームで力餅を売っているのです。いかにも奥羽山脈をわけ入っていくという感じがします。

山本　新幹線で福島までいって、あとはのんびり奥羽本線に乗りかえて旅をするというのもいいものですね。

宮脇　ローカル線では赤湯から出ている長井線の長井、山形から出ている左沢《あてらざわ》線の寒河江《さがえ》なども落着いたいい町です。

山本　同じ山形から南に仙台に抜ける仙山線の中間に作並《さくなみ》温泉がありますが、あの近くにニッカウキスキーの工場があります。

宮脇　車窓からも現代彫刻のような格好の工場が見えますね。

山本　工場のそばを流れている川が新川《にっかわ》というんですが、ちょっと出来すぎている感じがする（笑）。作並温泉の飲み屋に行くとみんなニッカですが、これこそ地ウィスキーといっていいかも知れない（笑）。

宮脇　作並温泉もずいぶん大きな旅館が多くなってひらけてしまいましたが、元湯岩松旅館の岩風呂は一浴に値しますね。

山本　百四十段以上もある石段を下ったところに岩盤を掘り抜いた風呂がある。混浴というので、一時間ぐらいねばって入っていたことがあるんです（笑）。それでも誰もこないので、あきらめて石段を登った中腹のあたりで、若い女性グループの降りてくるのにすれちがったんです。しまったとは思いましたけれど、さすがにまた降りていく元気はありませんでした（笑）。

宮脇　混浴で楽しい想いをしたという話はあまり聞きませんね。大体が私を含めて悲惨な例ばかりです。期待するからいかんのでしょうが（笑）。

知らない町を散歩する楽しさ

山本 「みちのくの果てに美酒あり青森県」という酒造組合の標語があるんですが、津軽半島の津軽線とか、五能《ごのう》線に乗りますと、本当にみちのくの果てに来たという感じがしますね。酒の方は甘口で今一つなんですが（笑）。

宮脇 五能線の五所川原《ごしょがわら》から出ている私鉄の津軽鉄道では、冬になると客車のなかでダルマストーブをたいている。それから、奥羽本線を少し秋田よりに戻って鷹ノ巣から出ている阿仁合《あにあい》線というのは、私が最も好きな線なんです。何の変哲もないんですが、ローカル線のよさを全部満たしてくれます。

山本 五能線が奥羽本線とぶつかった川部から、盲腸みたいに延びている黒石線の終点、黒石も感じのいい城下町ですね、旧い家の軒先からひさしを長くはりだした「こみせ」も雪国の情趣を感じさせる。

宮脇 上越地方に見られる雁木《がんぎ》と同じようなものですね。多くの人は、青森から酸ヶ湯を経由して奥入瀬《おいらせ》川に沿って十和田湖に入るけれど、この黒石から、浅瀬石川に沿って、温湯《ぬるゆ》、落合、板留、温川《ぬるかわ》といった温泉を通って十和田に入るのもいいです。

山本 果てといえば、津軽半島に対している下北半島も俗化していませんね。

宮脇 恐山はやはり無気味なところですね。宇曾利《うそり》湖の静けさは、異常なほどだし。三途ノ川なんていうのが流れていて本当にあの世との境のような気がする。小さな地蔵が賽の河原のようなところのあちこちにあって、真新しい赤いよだれかけをかけていたりするのを見るとハッとさせられますね。

山本 近くの薬研《やげん》温泉に泊まられましたか。

宮脇 ええ、大畑川の渓谷沿いにある温泉ですね。ヒバの原生林が見事なところです。下北では、もうひとつ海側にある下風呂《しもふろ》温泉が印象に残っています。井上靖さんの『海峡』の舞台になったところですが、夜、風呂に入ると、海上にイカ釣り船の光が点々と見えるんですね。魚介類は豊富に出てくるし、温泉はいいし、いうことありませんでした。

山本 ところで、宮脇さんは奥様と一緒にお出かけになることはないんですか。

宮脇 フルムーンですな（笑）。それがどうも申しわけないことに、だいたい一人です。たまには連れていってもいいんですが……。

山本 私などは、若い頃、女房の着物を質にいれてまでも（笑）旅に出たくらいですから、申しわけなくは思っているんですけれど、ひとり旅ばかりです。

宮脇 私は途中でコースを変えたくなったり、途中下車したくなったりするから、宿も予約しない。そんな旅行ですから、人と一緒だと拘束されてダメなんです。女房といえども例外ではない（笑）。

山本 旅というのは、ひとりでふらふらするところに醍醐味があるわけですからね。

宮脇 ただ、私の女房たちの世代は、若いころはモンペなんてはいて、竹槍を持っていたわけですから旅行どころではなかった。彼女たちが、若い女の子の旅行ブームを見てイライラする気持はわかるんです。だから熟年夫婦が一緒に旅に出るというのは大変いいことです。けれども、いいことをせにゃいかんと思って旅をするわけではなし（笑）。まあ、とにかく、同じ旅をするなら、もうちょっと余裕を持った旅をして欲しいですね。

山本　女性の場合、あれも見たい、これも見たいと……（笑）。

宮脇　そうそう。だから、何にもない知らない町を散歩して、結局何も収穫がなかった（笑）……というあたりの面白さを分ってもらいたいですね。

§8

世界にみた酒の断片

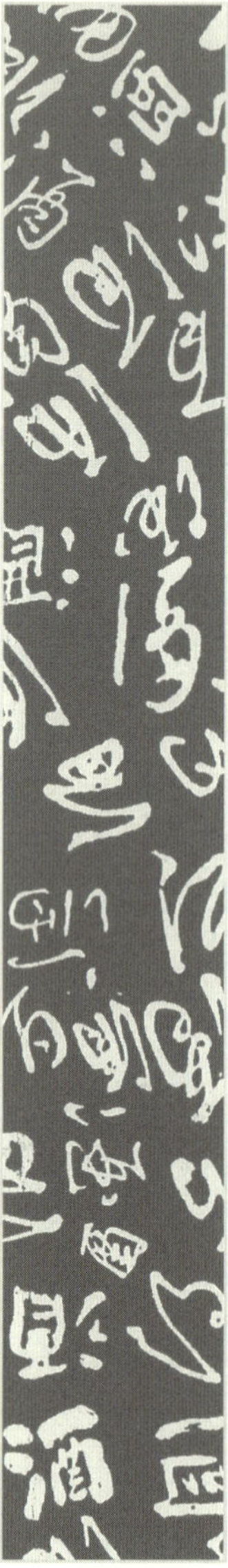

「酒は飲むな」という教義を考える

世界を旅したことのある人ならイスラム教の信者がいかに多いか、を知らされたと思う。そのイスラム教では「酒は飲むな」と教義にある。なにしろ世界の人口の四分の一がイスラム教徒（ムスリムともいう）とあっては飲酒の禁止で随分と不自由な思いをしている人も多いのではないか、と呑んべえのわたしなどには想像された。そこで今回はそんな世情に迫ってみる。

❖キリスト教に対したイスラム教

写真は日活プロデューサーの現役を引退して間もない水の江滝子さん（右）と、生意気盛りの私（左）が座談会に出た三十年以上前のものである。話のテーマは「イスラム教にとって酒は麻薬か」というもので二人の前には日本信販の山田光成会長（当時）と私のかかりつけの当時の医院長だった二木秀雄氏が並んでいる。その二木氏がムスリムで水の江さんは二木氏の患者だった縁による。

この時、二木氏は、「かのキリスト教では『最後の晩餐』でキリストがワインは自分の血だといっている。そこでイスラム教はキリスト教と切り離すためにワインを飲んではいけないとしたんだ」と述べている。そんな話のなかで水の江さんは、

「アチシは戦争中はあの三月の大空爆の時でさえ絶えずお酒を持ち歩いていたの。恐いから……。アチシはどんなにいっぱい飲んでも二日酔いしたことはないの」

といっていた。水の江さんは二木氏との付合いからその時はムスリムだった。

❖ビールを作るのはビジネス

その後エジプトへ旅する機会があったのでカイロに泊まった。ホテルは「ホリデー・イン・ピラミッド」でホテルのプールで泳いでいると彼方にピラミッドが望めるところだった。

カイロには、ピラミッドという名のビール工場もある。見学を申し込むと気軽に応じてくれた。私が訪ねた時には従業員が全員で、「アラーフ・アクバル（神は偉大なり）」と地面に頭をつけてのお祈りの最中だった。勿論、イスラム教のお祈りである。それが終わったところで工場長に訊いた。

「イスラム教では酒を禁止しているのでは？」

すると即座に

「私は酒は飲みません。オカネの為に働いているだけで、これはビジネスです」

という。とはいっても、ビールのテイスティング（試飲）をせにゃなるまいが……。すると味見はさぞむつかしかろう、と思いながら初めの発酵（主発酵）を終えたビールを試させてもらった。わが国のようなキレイな味とは違って雑味が鼻について〈こんなのが飲めるんかいな〉という印象である。

❖ＴＰＯで随分と変わる味

その日の午後はエジプト観光のハイライトであるギザのピラミッド見物に行った。ラクダに乗って焼けつくような四十度近い炎天下を小一時間も廻っただろうか。のどはカラカラである。

スフィンクスに近いところのレストランに着いて冷えたビールを注文した。早速、グビッと傾けたときの爽快さは格別である。なんとそのビールは、さき程に試した工場のものではないか。あの時は主発酵の生ぬるいビールだったが、これが同じ会社のものとは驚きだ。

❖熱い国の味は濃くてくどい

その夜はホテルで食事をとり「ヘソ踊り」の別名もあるベリーダンスのショウもあっ

た。ビールは勿論、ワインやブランデーなども出されたが、それらのアルコールはすべてエジプト産という。

タテマエとして禁酒されている国でも、観光地であるここでは外国人向けにだしているのだともホテルの支配人はいう。

それはホテルだけではない。翌日、カイロの町中にある中級レストランの「パプリカ」という店ではエジプト産ばかりかフランス、ドイツなどのワインやイギリスからのウィスキーなども多彩に用意されていた。ちなみにこの店の肉料理は、鳩やシシカバブー（羊）などで味は総じて濃くくどい。熱い土地では、おのずと食感に刺激を求めようとするところから味も濃くなるわけで、それは香辛料から菓子の類にまで及んでいた。

なにしろタテマエでは禁酒の国でも隠れて飲む人も少なくないとみえて、カイロやカサブランカではアルコール中毒が社会問題になったこともあった。私にいわせるなら、アルコールが非合法なことから罪の意識を持ちながら飲むことにもその要因があるのではないだろうか。敬虔なムスリムであれば料理にもアルコールを使わず、さらにはアルコール成分が含まれている薬までも遠ざけるというから徹底している。

イスラム教が何故アルコールを拒否したかは冒頭に述べた通りだが、その二木氏はこんなことも話していた。

キプロス島の北側のイスラム圏であるトルコ領の指導者に招かれて二木氏がそこを訪れて会食の際に、出されたジュースを口に含むと明らかにアルコールがブレンドされていたのである。二木氏がそのことを相手方にいおうとすると、向こうも察知していたとみえてグラスを持ち上げて片目をつぶって微笑んだというのである。

過激的なムスリムなら、こんなエピソードを知れば怒鳴り込んでくるかも知れない。なにしろそんな活動家がバーなどを襲って酒瓶を片っ端から粉々にしていくことも時にはあるらしい。

「いずれはムスリムも酒を飲む」という学者もなくはない。

はて、さて、この流れはどんなものか——。

イタメシと酒

フランス料理には何となく気取った感じがあるが、イタメシことイタリア料理なら身近なスパゲッティにみるように、庶民にはいたって親しみ易い雰囲気があるようだ。そこで今回は本場のイタリアでみたイタリア料理と酒の一端について話してみよう。

❖ミラノでのスパゲッティ専門店や中級店

まずはそのスパゲッティだが、イタリアにはスパゲッティ専門のレストランがある。ミラノにある「エルブ」という店なぞそれで、なんと六百種ものスパゲッティがあり、店主によれば「昼に四十種、夜に四十種と少しずつ変えながら出しているから二ヵ月も通えばひと通り食べられるよ」という。

トウモロコシの粉を使った黄色のスパゲッティ、イカを入れてニンニクとタカノツメをきかせた白のスパゲッティ、青いリキュールに青カビのチーズを加えた青いスパゲッティ、さらにはベーコンと卵、粉チーズなどの上にトマトソースを加えた赤のスパゲッティなどというぐあいである。

それに店でよく出る酒は専門的にはバルバラという種の赤とリースリングの白だった。それらはいわゆる安手のハウスワインで、これが特にスパゲッティに合うとも思えないが、こういう店に来る客はワインが目的ではない。

写真にある裸婦の絵画は店内に飾ってあったもので、それだけ気軽な雰囲気だった。簡単な前菜と四種のスパゲッティそれにワイン二杯で三千円。
同じミラノにある「カッシーナ・デ・ポムム」(小さなリンゴ)という中級レストランではカジキマグロや手長エビの鉄板焼き、それに仔ウシのすね肉などの料理に酒はビアンコ・イル・ロゼッティという当店だけの白ワインを飲んだ。アルコールは10・5%と軽い。味は総じてまずまずだったが、これで六千円ていどである。

❖ フィレンツェの中級店と代表的ワイン店

フィレンツェ（フローレンス）での典型的な中級レストラン「ヴァーテル」での前菜はワゴンに載せて運ばれ、自分の好きなものを選べという。そこで「この店で人気の品を選んでくれ」といったら、揚げたナスをオーブンで焼いたメランツァーネ、小さなサーディンにトマトソースを付けて焼いたもの、さらにエビやイカにパセリやセロリを混ぜたサラダなどを盛ってくれた。

ルフィーノにある大樽

地元でよく飲まれているワインは？と訊いたらルフィーノ（店でボトル千三百円）だという。このルフィーノは、ここトスカーナ地方の代表的な辛口のワインで確かに料理に合うし値段も手頃である。この後、ルフィーノのワイナリーを見学に行ったが、なるほど地元によく溶け込んでいる印象だった。

❖ヴェネツィアやローマのレストラン

ワインで凝っていたのは、水の都ともいわれるヴェネツィアの「アンティコピニョーロ」というレストランで、オーナーが大変なワイン通である。わが国でいえば無名に近いような蔵元の酒を揃えているようなオーナーで、掘り出しものなど含めた三百種以上を地下の貯酒庫に収めている。当地を訪ねることがあったら、私の記事を見たといって寄ってみるといい。レストランでの値段は良心的だった。ローマで、トスカーナ地方の料理を出す「ジラロスト・トスカーノ」という中級レストランでは肉料理に六年前のGAJA＝ガイヤという評判の赤を飲んでみた。店のボトル料金は七千円で、これまでに頼んだワインでは最も高価なものだったが、やはり高いだけの内容でコクとキレには圧倒された。

なお、ローマではスペイン広場近くの「東京レストラン」という和食店にも行ってみた。たまたま広島の方から来ていた数人のご婦人の団体と出遭ったが、こういう店に来ると里心がついていけない。

❖北と南の対抗意識のすさまじさ

イタリアは北から南にひろがっているから味の傾向も違ってくる。

北イタリアの人は南を「あっちは野蛮なアフリカだ（後進国だとの蔑称）」と馬鹿にするし、南の方の人は北を「ポレンタ野郎（昔は貧しくてトウモロコシの粉を主食にしていたこともあった）」とののしったりする。この国は昔には小国が対立していた歴史があり、地元贔屓の意識が強いのだろう。

それはさて置き、北のフランスに近い方へ行くとバター風味が比較的強くなり、南の方では対照的にオリーブ風味が強く感じられる。

❖魚介類は失望だった

イタリアの南端といえば、シチリア島ということになる。

ここでは島内のワイナリーやレストランを巡ったが、ワインの味は比較的シンプルで濃く、レストランはどこも塩味が強くオリーブがしっかり利いている。

しかし魚介類で「これは旨い！」と感心したことはほとんど無かった。魚は南国の海に多く見られるカラフルな色彩で総じて大味であり、わが国のように脂ののった旨味が感じられない。

島の東端のタオルミーナは風光明媚な景勝地なので二泊したが、そのホテルにウニがあるというのでオーダーしたら、なんとも貧弱な身が殻にへばり付いているもので、とても食べられる代物ではないのである。

島の最後は、島で最大の市街地であるパレルモに泊まった。たまたまレストランの冷凍ケースに生魚があったので、それを塩焼きにしてくれと注文し、持参していた醤油を付けて食べた。それでなんとか落着けたのだから、これはイタリアの風味ではない。以上はイタリアでの味体験のごく一部だが、若しもわが国の味覚にどっぷり浸かりきっているような人なら馴染みにくいかも知れない。

そのへんを覚悟して出かけられることだ。

ジャン＝ポール・カミュ氏と筆者。

サッカー熱とアルコールの広告

それは一九八六年。フランスのパリから空路ボルドーに飛んで、シャトー・ジスクールなどのワイナリーを訪ねた後、北へ車で二時間ほどのコニャックへ行った。いうまでもなく、ブランデーの名がそのまま町の名前になっている人口二万人ほどのところだ。カミュ、マーテル、レミーマルタンなどいずれも世界に冠たるブランデーの酒蔵が集まっている。その中のカミュを訪ねた。当主はジャン＝ポール・カミュ氏で、当時は四十歳そこそこの四代目だった。日本への輸出は世界で四番目だが、高級品に限っては日本がトップだという。

広大な庭園に囲まれたカミュ家の居城の一つである来賓用のダイニングルームで食事をともにしたが、料理の味はくどくなく、日本人の嗜好を考慮してくれた配慮がうれしかった。この日はサッカーのワールドカップでベスト4が催された時で、フランスVSベルギーの試合をテレビでご一緒に観戦したのだが、フランスは劣勢で、ネアカのカミュ氏の表情から次第に笑いが消えていくのは傍にいて気の毒なほどだった。

今でこそサッカー熱はわが国でも蔓延しているが、その頃、私はまるで関心が無かったワールドカップである。ただ、カミュ氏がこんなことを言っていた。

「あのサッカー場に広告を出せば効果があるんですが、サッカー場でこういうアルコールを訴えるのは禁止されているのがなんとも残念です」

酒がらみの女性あれこれ

酒がらみの女性といってもホステスばかりではない。世界のいたるところで、酒にまつわっている女性は少なくない。造りにかかわったり、販売にかかわったり、そして酒の味についても、なかなかの感性をもつなどしている。酒の取材で世界を飛び廻っていると、いたるところで酒とかかわる女性の断面にふれる。そんな中で印象に残ったほんの数人をご紹介してみよう。

❖地味な仕事に励む人やダンサー

シャンパン（正確にはシャンパーニュ）はフランスが本場だが、スペインでの発泡ワインはカヴァと呼ばれる。

かつてはオリンピックも開かれたスペインのバルセロナにあるカヴァの工場を訪ねたことがあった。カステルブランチという大工場である。

大工場で機械化が進んでいるとはいえ、地下の貯蔵庫で瓶をつみ上げる仕事などは手作業である。

写真の通りピチピチのギャルで、この若さならば職種も多いだろうが、この女性は、「私はカヴァが大好きで、こういう仕事が好き」だという。

若さと美しさを武器に稼ごうなぞ、毛頭考えていないのだ。勿体ない、と思う男性は少なくないのではないか。

同じバルセロナではその夜、フラメンコダンスの「パティオ・アルダンス」という店へ行った。それもダンサーの汗が飛び散ってくるかぶりつきの席だった。こういう際に、ワインも料理も埃だらけになりそう…、などとは思わない。

その時は若いリードダンサーのエネルギッシュで熱っ

ぽい、ダンスに見惚れた。同行した通訳を通じて踊りの後で聞くと、「あたし、こうして踊ることに一生を賭けようと思っているの」という。その時飲んだワインは、サングレ・デ・トロ（闘牛の血という意味）だった。

❖日本酒に惚れこんだ技師

酒と技術面で付き合う女性も増えた。わが国でも女性杜氏《とうじ》が珍しくなくなっている。写真にあるのはサンフランシスコの南、ホリスターにある大関の酒蔵で働くミセスである。実験室での作業中だったが、彼女は、「ワインに比べて日本酒はもっとデリケートでむつかしい。神秘的ですね」といった。

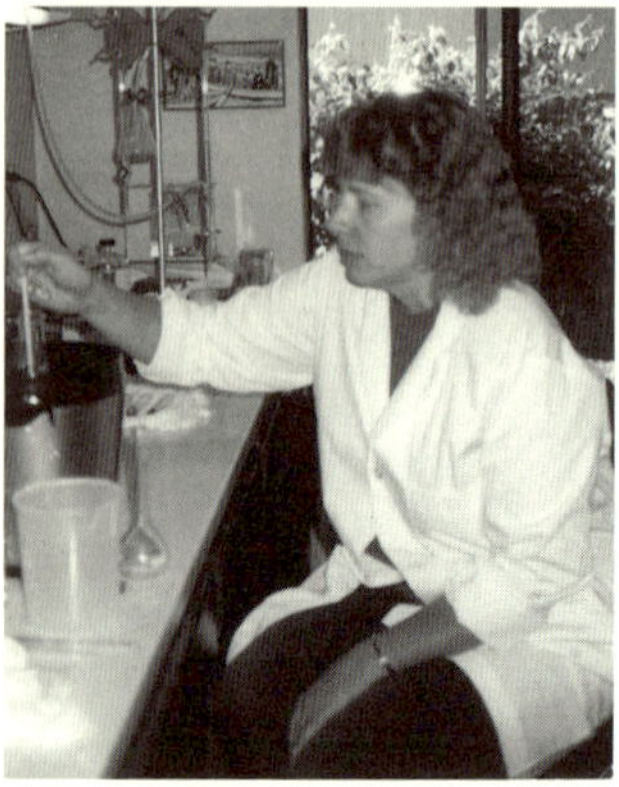

いうまでもなく日本酒党で、日本酒の晩酌は欠かさないそうだから日本酒党のわれわれにとっては心強いではないか。

❖「好きだから働いています」

場所はチェコでプラハの広場である。和服姿のチェコの女性は、日本料理店のチラシを通行人に配っていたのだ。日本語は片言ながら話せる。日本からの観光客は店に来ますか？　ときけば、「たまに見えますがヨーロッパの人が大半です」とのこと。

日本酒の評判は？　といえば「とっても素敵、というお客しかみえません」なるほど道理だ。あなたは日本酒が好きですか？　ときけば、「だからここで働いているんです」

ごもっとも。

❖客を待つ麻雀相手

中国では、かつて麻雀は自粛されていたが、なにしろここは麻雀発祥の地でもある。

上海から西へ飛行機で二時間半の貴陽まで行って、さらにそこから北西の茅台（マオタイ）へ車で向う途中、烏江という川沿いの町に食事がてら立寄った際の光景である。若い女性が卓を囲んでいたので入れてもらった。ここでのルールはいたって簡単でレートも安い。あがればどんな手でも五元（当時で十五円）均一。

彼女らにすれば、店で飲んで食事でもしてくれることを期待してのお相手である。悪いと思ったが別の店で食事をした後だったので、百元を置いておいた。

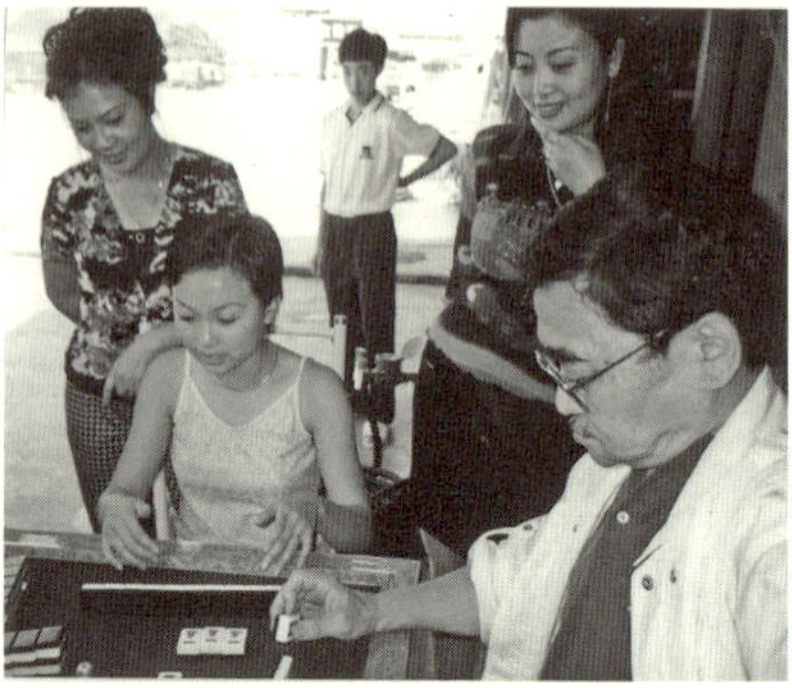

❖オランダ女性も認めた

ベルギーの水の都とも呼ばれるブルージュに泊まった際、「ソフィテル」というホテルではレストランに旅仲間と日本酒を持込んだ。

たまたま隣席の家族連れから「日本のお酒とは珍しい」という声がかかった。それはオランダから来たという老夫婦とその息子夫婦の四人づれである。なんでも八十歳になるというその老人は第一次大戦で東南アジアに行った時、日本酒を飲んだという。その老人にすすめてみると、「ほほう、昔に飲んだ日本酒とは随分と違っていますね。ちいっとも臭みがない。やはり米で造るんでしょうね」といい、夫人は、「ワインよりもおいしいじゃない」という。

そばで娘が、「こんなにフルーティーで米の酒ってことはないでしょう」と首をひねる。そういえば同じ穀物でも杜松の実から造られるオランダのジェネバは、ちっともフルーティーではない。

オランダの若い女性も認めた日本酒だ。

＊

世界各地を巡ると、わが国が注目されているのがよく分る。われわれはもっと自信をもっていいのではないか。

海外で再び訪ねたい地と風味

❖もう一度行きたい穴場

わが国だけでなく世界の酒どころもほとんど見てきた。そんな私に「海外へ行った中でも、もう一度行ってみたいと思うところがあったら教えてほしい…」という知人が多い。古くは1＄三百六十円時代のことだから、今のように1＄が九十円の時代では海外へも行き易くなった。私の場合は、酒の取材がらみが大半ながら、酒だけにこだわらなければ、つまり「観光」の視点に立ってみるなら、すぐに数カ所を思いつく。

今や酒は世界のすみずみまで、イスラム圏を名目上は除いても浸透しているから現地の酒を愉しみたいなら、その行った先で愉しめばいい。そこで今回は観光にポイントを置いたご案内である。

❖観光地のまわりはしっとり感

レマン湖――なあんだ、有名なスイスの湖で穴場でも何でもないじゃあないか、と旅行の専門家はいうかもしれない。

そこの湖畔のホテルに泊まって街を散策したのだが、町全体の雰囲気にすっかり参ってしまった。

写真の私の背景にあるのがカペル橋（一度焼失して復元された）という木製の橋で、ここルツェルンの町のシンボルでもある二百メートルを超える橋である。

ここでは国際音楽フェスティバルが催されることでも知られるだけに湖のほとりの小山の中腹にあるレストランで夕食をとった時には心暖まるピアノの演奏が流れた。

地元のビールではポニーというのが圧倒的に多いが、日本へも入っているフランスのクローネンブルグ他、国際色も豊か。夕景も情緒があるが、早朝に湖の白鳥に餌をやりに行くのも一興。

❖同じ中国へ行くならここ

今や上海などなかなかの騒ぎようだが、同じ中国へ行くなら、香港から西へフェリーで一時間余りのところに中山《ちゅうざん》という穴場がある。

ここはその昔、香山と呼ばれていたが、孫文（称号は中山）を輩出したことにちなんで地名が変わった。面積は千葉県ほどのところで百万人ほどが暮らしている。孫文は中国人の誇りの象徴で、生家や記念館もある。その記念館そばのレストランは広東料理ながら淡泊で日本人の口に合う。獅子魚は日本のオコゼに似てさっぱりしている。トンクワというトウガンの中に肉や野菜など八種類つめたものなども数人でつまんで三千円ほど。酒は国際色豊かに揃っている。

ここには源泉が九十度ほどの鉱泉がありホテルもある。鉄砲が撃てるし、乗馬のコースもある。クラブを借りても二万円ほどでゴルフもできる。

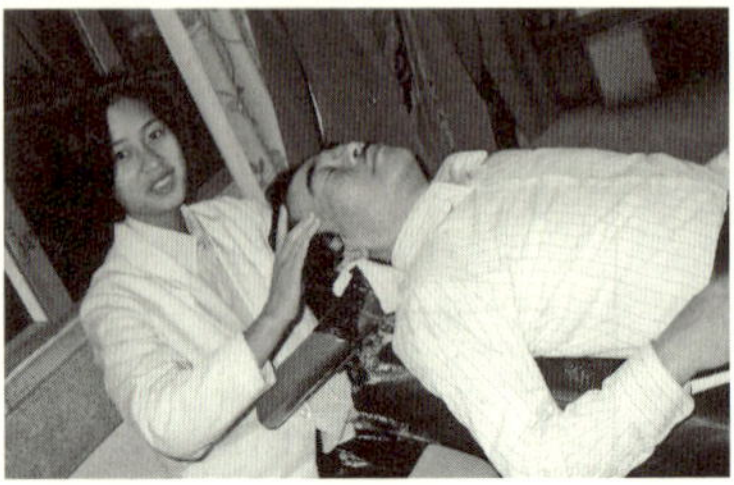

写真は中山温泉で筆者が受けているサービスのマッサージである。

❖話とは違って素朴で穏やか

シシリア島といえばマフィアの巣窟のようにいう人もあるが、なんの、行ってみれば平和で観光の島である。それも東の景観に恵まれたタオルミーナとか、最大の都市パレルモなどもいいが、私が目をとめたのは南のアグリジェントという繁華ではない史跡の町なのだ。

写真にある盆栽の看板は、そのアグリジェントの町にあった。その店をのぞいてみると休業中の看板があった。中には盆栽というにはあまりにも無造作な代物で、植物を差した鉢が何点か置いてあった。この土地ではこれで十分に通用するのだ。

観光地といえば人ずれした人が多いがここにはそれがまったく無い。

食べもの、酒、すべてに素朴で妙にスレたところが無いのである。赤ワインもすっきりとのどに訴えかけてくる。マフィアの島どころではない、いたって穏やかなムードだった。

❖檀一雄も愛したポルトガル

このユーモアあるジョッキを展示してあったのは、ポルトガルの首都・ポルトの町なかである。

私がはじめてポルトを訪ねたのは二十年も前だったが、その街の魅力にひかれて十年前に再度訪ねた。

はじめての時は一人旅だったのでポルトの町を流れるドウロ川を上流の方までブドウ農家を訪ねたり、作家の檀一雄が住んでいた南の町を訪ねたりもした。

ポルトガルの人たちは隣国のスペイン人に比べて温和で人柄のいい人が多い。

その檀一雄の世話をしていたという老婆にも会ったが、檀が愛飲していたワインというのがダン（発音はダウンに近い）という地区のキレのいい辛口の赤ワインで、この話は第九章の檀一雄のとこでも書いている。

❖ 北欧で飲んだ日本酒

写真に並ぶのは日本酒だが、ここはデンマークのチボリ公園前のレストランのテーブルである。それというのも私のツアーで蔵元の十数人とドイツから、ベルギー、オランダ、そしてデンマークへと酒の視察を兼ねて廻った際、最後のデンマークのレストランにそれぞれの蔵元が持参した酒を並べて飲んだ際のテーブルなのだ。

梅錦の雲華《うんげ》、三光正宗、玉乃光などが並んでいるが、参加していたその他の蔵元の大典白菊、李白、山丹正宗などは既に飲んでしまっていたから無かっただけなのだ。この店には大関を置いてあったが、これはアメリカの西海岸で造られたものだ。北欧でこのように日本酒のある店は少ないから旅先では日本酒を飲みたければ持参するに限る。

いずれにせよ海外旅行は国内と違って刺激が強い。それだけに日本の風味に接するとフッと里心が湧く。

§9 よく知られた人の酒

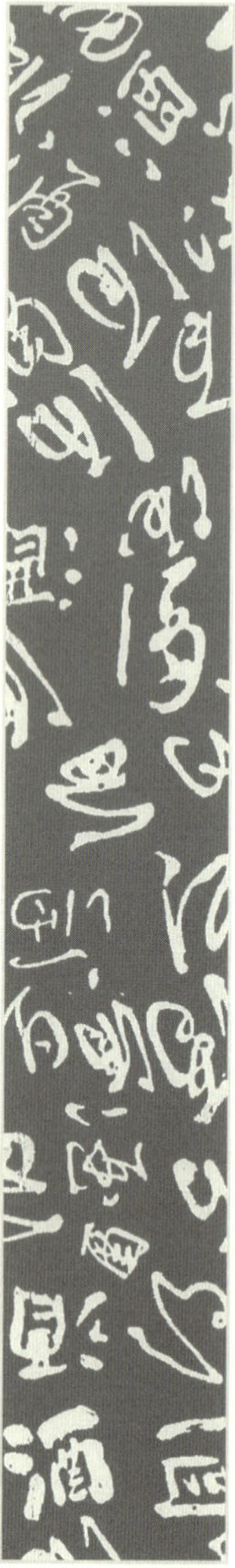

水の江滝子など芸能人と酒

　酒を飲む芸能人で付き合いがあったのは、古くは柳家金語楼《やなぎやきんごろう》師匠である。灘と広島の決まった銘柄しか飲まなかった人だが、ある時、私が秋田の酒の品評会に出て、それらの酒の中の優れた吟醸酒を土産に差し上げたことがあった。後でどうでしたか？　と訊いたら、妙な味だったと言う。なんでも、ぐらぐらの熱燗《あつかん》にして飲んだというではないか。

　師匠は私が今でもかかりつけの新宿のクリニックで知り合ったのが縁で、かつてはNHKのジェスチャーで共演していた水の江滝子さんも師匠の紹介でそこの患者だった。たまたま、私がそのクリニックの医師に誘われて神奈川県にある水の江さんの自宅へ還暦祝いに出かけたことがあった。水の江さんの酒は嗜む程度でヘビーではない。

このクリニックで知り合った酒豪といえば田崎潤さんだろう。かつて戦地で行軍が続いた時、最後までバテないのは大酒飲みに多かったそうだ。それは酒のエネルギーが貯えられているからではないか、とも言っていた。

コメディアンの関敬六さんには、自分が新小岩の方で飲み屋をやっているから来てみないか、と誘われて行ったことがある。「連日一流芸能人出演」の幕が掲げられていたので誰が来るのですか？ と訊いたら、自分が顔を出す、と笑っていたのを思い出す。

テレビに出て一緒に飲んだことのある女性で酒が強かったのは宮城千賀子さんである。テレビ朝日の夜の番組を渋谷のスタジオで昼間に録画したのだが、収録が終わった後も飲むのにとことん付き合わされた。豪快な酒だった。

柄本明さんと竹下景子さんが床屋の夫婦役を演じた「作法の極意」というＮＨＫの番組に出た際はテーマがお酌のマナーだった。竹下さんに酒を注《つ》いだり注がれたりして話すのだが、なにせ収録時間が短かったので酔うほどには飲めないどころか徳利の中身がその時は「水」だったので苦笑いである。

長めの番組では、フジテレビの「小川宏ショー」の終わりに近い頃に、ご家庭の夫人を対象に「お酒の女大学」という番組の講師として四十分ばかり講義した。聴講は芸能人の奥さま方で、ガッツ石松さん、佐藤蛾次郎さん、ファイティング原田さんなどの夫人十名ほどだった。ちなみにビデオに収めたのを今見ても、話の内容は少しも古くなっていない。

ところで今話題の東国原英夫さんだが、この名前を当人はかなり前から名乗っていた。私の出演記録をひもといてみると、テレビ朝日の「プレステージ」という番組にこの名前で共演している。私は日本酒度計という道具を使って酒の甘辛を説明した後、日本酒をブレンドすることでの酒の妙味を披露した。甘口好きにはほんの少々の辛口を、辛口好きにはわずかに甘口を混ぜるのだ。東国原さんは辛口好きだというので目かくしして試してもらったところ、指摘した通り「混ぜた方が旨い」と言っていた。

ピアノの名手でテレビの司会なども務めていた森ミドリさんは名古屋出身で、眼鏡店の娘さんだと聞いていた。この森さんとはテレビではなく雑誌の対談でお付き合いした。半蔵門のダイヤモンドホテルには全国の酒が置いてあり、それを飲みながらの話だった。

「私、お銚子を二本も飲めばすっかり酔っちゃうの」

と言いながらも結構いけるのである。〈これでは五反田のお宅までお送りしなければなるまいな〉と思ったが、対談が終わってトイレに行かれた後は毅然としておいでなのだ。女性としてはお見事な飲みっぷりで印象に残っている。

若山弦蔵さんや松鶴家千とせさんほか、私の出版記念会においで頂いた芸能人もかなりあった。しかし、お堀端のＦＭ東京ビルで催された「山本祥一朗著作の旨酒を味わう会」には、芸能関係者は見えなかった。主催者に聞くと、酒の流通や料飲店など専門家に絞ったというではないか。飲む専門家なら芸能人にも多いのだが……。

丹下キヨ子など女丈夫と酒

温故知新——昔の話から今を考える。

某月某日　代々木にあるNHK放送会館のラジオ・スタジオで、顔見知りのNプロデューサーに中曽根アナウンサーを紹介される。中曽根康弘氏（当時は通産相）の娘さんで、なかなか聡明なお嬢さんが開口一番言った。「その節はどうも」「おや、どこで？」「朝のロータリー番組の時にお宅へお電話させて頂きました」「ああ、あの時の」「お声だけだったんですけど」「寝床の中で受話器をとった覚えがある」「朝の早い番組ですからね」「ところで今日も酒の話ですか？」「ええ、〝独身女性の飲酒について〟というテーマで三十分ほど」「それは中曽根さんの領分じゃないですか」

そこへ日本酒造組合中央会副会長の桃井直造氏がひょっこり顔を出す。笑みをたたえた表情で桃井氏が言った。「山本さんの講演は、なかなか評判がいいですなあ」

いきなりご挨拶である。前年のこと、北陸地方のある講演会に招かれて私の持ち時間二時間をしゃべりまくったところでふと見れば次の講師の席に桃井氏がいたのだった。

Nプロデューサー、中曽根アナもまじえて本番前の打ち合わせとなった。桃井氏が、酒造組合中央会で発表した「独身女性の飲酒データ」を読み上げる。その中に、女性が酒を覚えるのは就職した時で、同じ職場の男性に誘われることが多いとか。さらに「独身女性が飲酒に使うお金は平均してせいぜい二千円ぐらい」と桃井氏は言う。

「中曽根さんは、自分から身銭を切って酒を飲んだことがありますか?」と私が訊いた。

「私はあまり外では飲まないんです。家で父と飲むくらいで」

「そんな時は洋酒でしょう」

「ええ、ブランデーなんかよく飲みますね」

すると桃井氏が口をはさんだ。

「私は日本酒の業界なんですよ。洋酒よりも日本酒を勧めたいですなあ」

中曽根アナはそれに応えて、

「あら、日本酒ってそんなに美味しいかしら、私、どうも苦手なんです。本当に美味しい日本酒があったら送って下さいな」

直情径行型の父親が父親なら娘も娘、しっかりしている。さすがの桃井氏も返す言葉がないといった顔つきである。

以上は本番前の控室。

本番になると、桃井氏の日本酒礼賛にも一段と拍車がかかる。

「若い方は甘いカクテルのようなものから入ってこられるが、齢をとるにつれて日本酒の深い味わいがわかるようになるんですな」

という話も結構だが、この調子では若い娘さんには日本酒党が少ないということになりはすまいか。私が言った。

「若い女性は甘いカクテルとおっしゃいますが、それはひと昔前の話ですよ。今では水割も多い一方では、燗酒がいいという女性もいますよ」

この時の中曽根嬢は、今は某大手建設会社の重役夫人になっておられる。

放送がアップして、車で真っすぐに砂防会館へ向かう。丹下キヨ子女史が劇団エトセトラを旗上げした初公演である。楽屋をのぞいたら、一足先に贈った花束が届けられたばかりだった。公演直前の楽屋は戦場である。

丹下さんとは「どうもどうも」「どうもどうも」で話が済む。過ぐる日、新宿から四谷にかけて二人でボトルを三本ほど空けて以来である。当時の私は種類を問わず、浴びるほど飲んでいた。丹下さんに、初公演だから力を貸して頂戴なといわれて捌いた切符が三十六枚。客席ではこれまた知った顔が多くて、ここでも「どうもどうも」と続く。佐々木久子さんの顔も見えた。

幕が開いた。題して「元禄無頼漢」。いろんな意味でユニークな舞台だった。

以上は一九七三年の春のことである。いつの世にも女丈夫はいるものだ。

高峰秀子の酒と本音

近頃興味深く読んだのは酒ではなく、女優・高峰秀子の本だった。それも最近出た本ではなくて、四十年近くも前の昭和五十一年に朝日新聞社から出た『わたしの渡世日記』(上下巻)である。

この本の中に出てくる酒の話としては、秀子がパリの下宿の主人とワインを口にして、「アッという間に私の体中を駆けめぐり、私は生まれてはじめて酒に酔った。私は二十六歳のその時まで酒を呑んだことがなかった。なぜならば私は酔っぱらいが嫌いだったからだ。映画のロケーション撮影やアトラクションの仕事で地方へ行くと、必ずといっていいほど土地の実力者などとの宴会がある。私は盃をやりとりする献酬という習慣が不潔で嫌いだったし、酒で乱れた席も嫌いだった。素っ気ないといわれても愛想がないといわれても、酒席にだけは頑として付き合わず、盃を手にしたこともなった」とある。

またある時には、監督の木下恵介が来宅して、「日本酒を飲みたい」と言われ、お手伝

ブランデーの試飲会で前列左から四人目に高峰秀子。背後に筆者。列席の楠本憲吉、田辺茂一、早田雄二、江國滋はじめ物故者も多くなった。

いを酒屋に走らせて買ってきたのはいいが、そのお手伝いは燗を付けるのに御飯蒸しの中に徳利を入れていた。茶碗蒸しのやり方のつもりだったという笑い話もある。

五歳の時から映画の子役で登場して以来、身内ではあるものの「継母」との因縁で嫌な思いをしながら女優を続けてきた体験を、五十一歳の時に「週刊朝日」に連載したものを上下巻の二冊にまとめたものである。この本の最後で、「私という人間のドラマの主人公は私ではなく、実は私の母その人であった。私は渡世日記の随所でくりかえし私は誹り、恨み、憎み続けた。そこには一片の誇張も嘘もない」と書いてある通り、本の全篇を通じて継母に対する不満をぶちまけている。

その後、新潮社とキネマ旬報などからも高峰秀子の本が出たが、これは秀子本人ではなく第三者がまとめたもので、前記の自伝とは趣きが少々違う。晩年になると、すべてに本音を吐露したい、という心情は誰しも抱いているのではないだろうか。

野坂昭如

酒はよう飲んだ、もういい

以前に作家の話を書いたところ、「作家は個性的だから酒も面白い。作家の酒癖などについて話をききたい」というお便りを頂いた。そのことでは前に『作家と酒』と題する本を書いている。

その内容は次ページにある通りの十九人だが、何しろ四半世紀も昔だから現存するのは石原慎太郎だけで、他は物故者ばかりになった。

そこで今回はこの人達とは別に今も『新潮45』などで日常を語っておいでの野坂昭如氏のことを書く。

❖十四歳で五合を平らげた

何年か前、野坂氏と麻雀卓を囲む機会があった折、たまたま氏の故郷の酒が手許にあったのでプレゼントに持って行った。「敏馬《みぬめ》の浦」というその酒は兵庫県・灘の「沢の鶴」

『作家と酒』でとりあげた人物

酒がぼくの文学なんだ	梅崎春生
虚無僧酒、あの面この面	高橋和巳
愛すべしレロレロの大酒	北杜夫
一人では飲《や》めぬ「酒飲み」	火野葦平
吉田自然流、行雲流水	吉田健一
からりと飲った通夜客の皮肉	中原中也
「酔」の男の酔狂のすすめ	石原慎太郎
頑固に飲み通した筋目	内田百閒
酒と病魔に鬼気迫る晩年	葛西善蔵
サラリーマン酒、いまや昔	源氏鶏太
「ビールの小便」を超えた姿勢	尾崎士郎
牛角胃にふさわしい文体、酒	後藤明生
くすりには酔えた気ィつかい	織田作之助
べらんめえも今や枯淡の境	高橋義孝
洋酒を愛し日本酒を書く	山本周五郎
時には寝床で大声も	遠藤周作
師太宰との酒品の違いよう	田中英光
卒業した、飲まんでもいい	稲垣足穂
歴戦の勇士の正論党酒	山口瞳

※作家と酒のつながり、飲酒がその作家の生き様と作品系列にどう影響したか、一体酒とは何であるかに焦点をあてた。

の製品で酒蔵のある西郷《にしごう》の海に面したあたりの地名に因んだものだった。

氏は懐かしげに、

「幼い頃は、この敏馬のあたりでよく遊んだものですよ」

といったものの、その時は断酒中とのことで口にはしないで提げて帰られた。

その後、折り返したように米を送ってこられたのには恐縮した。律儀な方である。

氏がはじめて酒を口にしたのは十四才の夏のことで、空襲で家が焼けた後、庭に埋めてあったものを掘り返したら、一升瓶入りの酒が五本出てきた。酒は米からできているから少しは栄養になるかと思って飲んだところ、一日に五合ほど飲んでも二日酔いすることなく、アッという間に平らげたというのである。

その後の氏は昼夜の別なく飲むことが多くなった。当人とすれば別に人に迷惑をかけるわけでもない、いい酒飲みだと自分で思いながら、軽度のアルコール依存を自覚していたようである。

昭和五十八年に脂肪肝と診断されて入院したのをかわきりに、翌年にかけて四度も入退院を繰り返した。それというのも退院しては飲み過ぎてまた入院、という按配である。

❖ＣＭソングやら参議院など

ウィスキーのＣＭソングで、「ソ、ソ、ソクラテスかプラトンか、皆んな悩んで大きくなった」というのが一時期、テレビで流れて話題になったことがあったし、「黒の舟唄」で男と女の間には深くて暗い河がある……が流行ったこともあった。最初は放送作家からのスタートだったが、直木賞を受賞してからの本格的な作家活動やら、参議院議員としても手広く活躍されていた。

氏が脂肪肝で入院した際、医師の中には、「酒は人間の発明したものの中で最高のものだからクヨクヨせずに飲めばいい」という人もあったという。その人は飲んべえとしても有名な名医だったとか。

❖酒が生命とりにならぬ自戒

氏が飲み盛りの頃は、朝からお茶代わりのビールで、水と同じようにワイン、夜は喜々としてウイスキーで、ろくに食事もとらなかった。夫人の話では、原稿を書く時だけは一滴も飲まなかったそうだから、それが肝臓を休めることになったとか。

氏は泥酔して映画監督の大島渚を殴ったことがあった。殴られたタレントもあったそうだ。そのすべては酒のためで、若い頃からの酒がその因だということを、当人は充分に承知しているのである。

「酒蔵会社はひとつの目安としての二十歳以下の飲酒禁止を率先して提唱すべきだと思う」(「アルコール依存症まで」)とも氏は語っている。

自分の体験から、あまりにも早い飲酒に対しての自戒をこめた警告でもある。右の文ではさらに、アルコール依存症が酒を断つと常人ではなくなるように思う、とも語っている。

私のような仕事で酒、酒、酒と酒のテーマにどっぷりと浸かりながらもそれが「書く」対象となると一方では醒めていなければ書けるものではない。そんな私が過労に加えての飲酒が引き金となって肝機能数値が異常に上がったことがあった。肝疾患が原因で原稿が書けなくなっては、文字通りの生命とりになる。並の著述家であれば「酒でも飲まねばやっていられるか！」という場合でも私にはそれが通用しないのだ。

氏が料理評論家をさして、常に脂肪肝や高尿酸血症におびえて生命がけだろう、というのはもっともで、世間から勝手に酒評論家などという肩書きを付けられれば、やはり肝臓を気にしないわけにはいかない。

❖ 夫人の目から見た本

氏の夫人の野坂暘子さんは『新潮45』に連載の氏の写真を撮っていらっしゃるし、文章は口述筆記だとも聞く。タカラジェンヌでもあった暘子さんは以前に『真夜中のラインダンス ―作家の女房大変記』(主婦と生活社)という本を出していて、そこでは亭主の酒びたりをもて余すことを述べていらっしゃる。

ところがいざ禁酒して書斎にクッキーや羊かんなどを持ち込んで涙ぐましい努力をしているのを見ると気の毒がって、「大きな声では言えませんが、宿六は確かにお酒を飲む姿が決まっていました。男のお酒を感じました」とも書いている。

人間には寿命があるように飲酒にも人それぞれに寿命がある。氏の場合、初体験が十四歳とあまりにも若かった。その後、暘子夫人の本では「十七歳からはほとんど毎日。失敗談は数知れず。大学時代、どうしてこんなに飲むのかと反省なさり……云々」とある。

阿木翁助　大酒と芝居の九十年

年代こそ違えフランス革命と同じ日に生まれ、二〇〇一年のアメリカでのビル爆破テロの日に亡くなられた阿木翁助《あぎおうすけ》という放送作家がいた。この人、日本テレビ芸能局長なども務めた後、日本放送作家協会の理事長として放送作家の地位向上に尽力した人だが、亡くなられた九十歳までかなり豪快な酒飲みだった。

❖酒好きの患者同士で

この阿木氏と親しくなったのは新宿にあるクリニックの患者として知り合ったのがきっかけだった。私は昭和四十年代のはじめにムチ打ち症にかかって通院していて、阿木氏はここで定期検診をしておられた。

その阿木氏との関係から柳家金語楼師匠や水の江滝子さんはじめ芸能人も多く通院して

いた。
何しろ酒好き同士だから、会えば飲みに出かける。私の場合は地方へ遠征して飲みに行くから、お誘いして一緒に行くことも多かった。
北は北海道から南は熊本まで。写真にあるのは、岐阜の下呂温泉に近い天領という蔵元である。この蔵元にある「飛切り」という酒名は、確か阿木氏の命名だったと思う。

❖御柱祭りにも誘われて…

阿木氏が生まれたのは長野県の諏訪である。たまたま阿木氏の兄二人が幼くして亡くなったものだから、阿木氏の親は「鉄」の「翁」のように丈夫で長生きするように、と「鉄翁」と命名した。

従って本名は「安達鉄翁」であり、阿木翁助は筆名である。
阿木氏に誘われて諏訪の御柱祭り《おんばしら》に行ったことがあった。泊まった宿は桔梗屋といい、阿木氏のクラスメイトとのことだった。その宿の主人に拙者『酒呑みの本』を差し上げたところ、大いに気に入って下さった由で、さらに酌み交わす酒が進んだのを思い出す。その時は、小学生だか中学生だかのお孫さんも泊まっていた。その少年が、今のフジテレビのアナウンサーの笠井信輔氏である。時の経つのは早い。

❖迎えを追い返せなかった

長野県民の男子の平均年齢は他県に比べて高く、平成のはじめの頃で七十七・七三歳という記録があった。その頃に流行した「老人の歌」に、

五十六十は花なら蕾
七十八十は働き盛り
九十になって迎えが来たら

百まで生きると追い返せ

というのがあった。阿木氏は九十歳まで生きられたわけだから、そこで迎えを追い返せなかったわけである。

葬儀の日、奥様が「酒は二百年分くらい飲んだのじゃないかしら」といわれた。

❖ 芝居が終わる度に鏡開き

三十年余り前に阿木氏は『演劇の青春』（早川書房）という本を出した。これは築地小劇場の研究生として出発して、ムーランルージュの文芸部長、さらに松竹新生新派へ移られて、その後、日本テレビ芸能局長……と歩まれた、わが国の大衆演劇史の一ページでもある。この本はのちに『青春は築地小劇場からはじまった』と題して社会思想社の現代教養文庫としても出版されている。

今や演劇を志願する若者が多いときくが、そんな人たちには是非ともおすすめしたい本である。

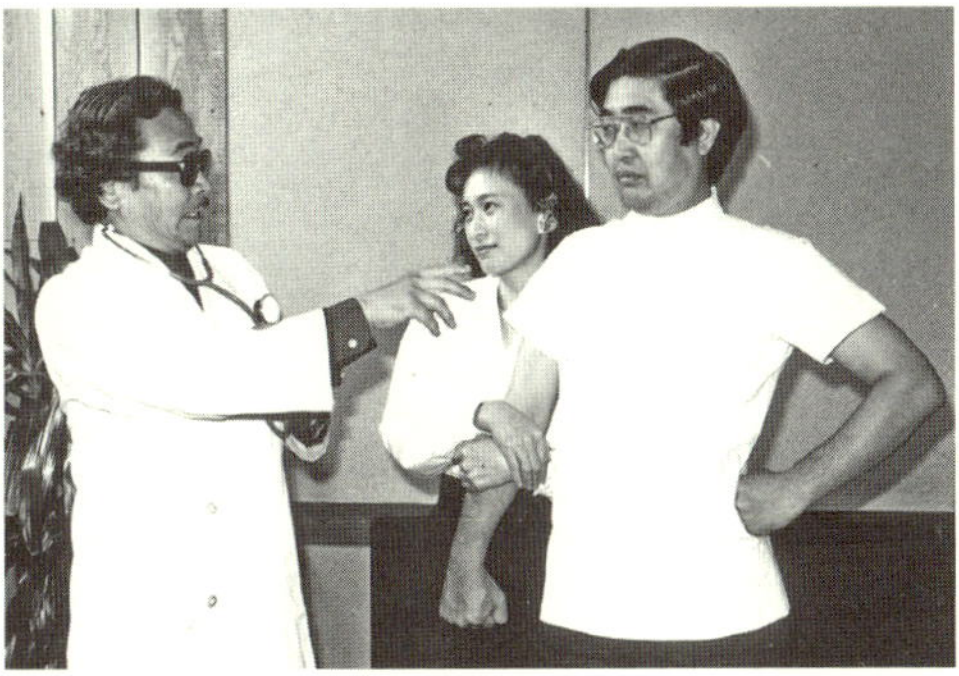
「おかしな仲間」より。右端は日経の西山貢氏。

という私も、阿木氏とお付合いさせていただいていた当時、阿木氏の書かれた台本で演出もお願いしてみようと有志で組んで舞台に立ってみたのである。

最初は「日の出山荘大事件」と題して暴風の夜、山荘に閉じこめられた旅人の集まるところへ銀行ギャングが押しかける話で、私は日大教授の長谷川勉氏と二人でそのギャング役を演じた。その四年後には「おかしな仲間」という芝居で、私はヤブ医者役、さらにその後、「妻とたたかえ！」という恐妻家のワンマン社長まで演じた。

芝居はどうころんでも現実には出来ないことをやれる〈夢体験〉だけに確かに面白い。

芝居の終わりには鏡開きをやり、そこで大いに飲むのだから、これがまたこたえられない。

❖ ほのぼの酒や反省の酒も

昭和六年といえば、阿木氏は築地小劇場の研究生だったから収入皆無のホームレスで、劇場住み込みである。

しかし先輩や仲間の友情でどうやら暮らしていて酒だけは、ほとんど毎晩ありつけていた。コップ酒を十銭か十五銭で恵んでくれたそうである。

その後は前記の通りの経歴で、日本テレビへ入られた頃のことは、

「社用族となり酒を飲むのが仕事のようになり、十五年ほど茶屋酒、クラブ酒を飲んだが、スキャンダルも起こさず、健康もこわさず、自然と今までの飲酒社会からさよならして、ささやかな居酒屋歩きに変わった」

とエッセイに書いておいでの頃が私とよく飲んだのである。

酒の不自由な時代を経験しておられるから「勿体ない」「勿体ない」と宴会などで残した酒も最後にはきれいに平らげてしまわれることも多かった。

今、アルバムを見てもご一緒に飲んでいる写真がかなりある。それらはいずれも、ほの

ぼのとした追憶につつまれる。何しろ他人を批判なさることのないお人柄なのだ。

ただ、ご当人の話では、自分自身、酒を飲んでイヤなことを言ったことがある、と仰る。それは新進作家の頃の三島由紀夫に、

「そういう軽薄そうな服を着ているから役者かと思ったよ」

と言ったとか。

三島は当時流行したギャバン地のコバルトブルーの背広を着ていたそうだ。

こういうことを記憶しておられるのも、いかにも阿木氏らしいエピソードだ。

仁戸田六三郎

呑んべえ教授は学生に人気

大学教授といえば謹厳実直なタイプと普通では思われるだろうが、中には一杯ひっかけていいご機嫌で講義をする人もある。私が実際にそんな教授と交流があった話をしよう。

私が早稲田の学生だった時だから昔のことだが、当時は売れていた仁戸田六三郎《にえだろくさぶろう》という宗教学の教授である。

❖クラス委員として教授室に通う

私の学生時代の本名は山本洋一だった。従って昭和三十六年の卒業者名簿には、第一文学部西洋哲学科のところにその旧本名で載っている。現在の名前は処女作が出た後で今の本名に変えた。

その処女作の『みちのく酒の旅』（秋田書店）のブックカバーに仁戸田教授が過分な推薦文を寄せて下さっている。そのことについて氏は、

「私が書いた本はあまり売れないようだ。ところが私がネタになった小説や、推薦文を書いた本は売れるのだからおかしなものだ。私の教え子が酒の研究をやって、書いた本の推薦文を書かされたのだが、これがまたよく売れたし、この間もある偉い先生の書いた本の推薦文を書かされてそれがよく売れている」（随筆・酒出題）と述べておられる。

私が二年生の時の主任教授が仁戸田先生で、その時にたまたまクラス委員をやらされていたので、教授室へ連絡事項などで通うことが多かった。

その教室では酒をすすめられるのである。

❖ 海外旅行の土産の花形は洋酒

なにしろ講義の前に飲んでから始めるのだから、他の教授の間での評判はあまり芳しくなかったようだが、学生の間では人気があった。酔ったからといっても講義の内容はしっかりしているし、時に脱線なさる世間話がなかなか味があるのだ。

そんな教授だから、教授の個室へ行くと必ず酒をご馳走して下さる。

当時、貧乏学生の飲む酒といえば日本酒の二級酒でも贅沢なほうで、合成酒か安い焼酎。ウイスキーならトリスかニッキー（ニッカの低価格酒）といったところである。従って「角」となるとその上、「オールド」はさらに上で、洋酒の輸入物など高嶺の花ということになる。

教授は私が訪ねて行くと〈彼奴は喜んで飲んでいく〉と心得ておられたから、こちらも簡単なツマミを持参することもあった。

ある時、教授は私を見るなり、

「なあ、今日はとびきりの酒じゃ。外国の土産にもろうたんじゃ」

というその手許にはサイコロ型のオールドパーのボトルが光ってみえた。昭和三十年代の半ば頃とすれば、洋酒の最高クラスといってもいいのではないか。

❖ 教授と飲めることの楽しみ

教授は用意してあった二つのショットグラスに注いだ。いつもの日本酒か国産洋酒なら湯呑みかコップにドボドボと注いでくれるところだが、その時は普段と違っていた。「乾杯」といって二人で飲みはじめるのだが、教授はまるで舐めるようにゆっくりと味わっている。おのずとこちらもグビリとはいかず静かにゆっくりと口に運んだ。私にとってははじめてのオールド・パーとの出会いである。

「やっぱり本場物はちがうのう」

と教授は目を細めた。今でこそ国産洋酒の水準も上がったようだが、当時のスコッチといえば海外旅行土産の花形中の花形といってもよかった。

❖赤提燈をこよなく愛された

教授はよく「私は赤提燈実存主義だ」と仰っていた。むつかしい話のようだが何のことはない、赤提燈がぶら下がっているような店で気軽に焼鳥でもつまみながら一杯やれるようなところが好きということだ。

教授は「私は親父の後妻の子だというコンプレックスがあったりして、どうも晴れがましいのはあまり好きじゃない」ともいっておられた。

その点、赤提燈を愛された気持ちも分かるし、私の処女作がそんな赤提燈を飲み歩いた記録のような話もあって賛辞を下さったのだろう。

❖教室が爆笑の渦になることも

『タテマエとホンネ』（ダイヤモンド社）という氏の本の巻末の紹介欄を要約すると――明治四十年台北生まれ。昭和六年早大卒。昭和二十三年講師、助教授を経て早大教授。専攻＝宗教学。「日本人」（新潮社）「現代哲学入門」（同）「青春の未来像」（実務教育出版）他。趣味――西洋古典音楽、小唄、しるこ、酒、料理、造園（日本風）など。

趣味の中にはちゃんと「酒」も入っているのである。

デカルトやカント、ショーペンハウエルなども漫談調の講義では肩も凝らないし、脱線ではじまる世相巷談には教室が爆笑の渦になったりもした。これには先生の酒の効果もあったのではないか。

❖宗教や酒がなくては生きていけない

普段は教室か教授室でお会いすることが多いが、ある時、偶然にもトイレットで並んで用を達したことがあった。

その時、先生いわく、「君のは勢いがあって羨ましいねえ」

「……」

「年はとりたくないものだ。こちとらは〝今はただ小便だけの道具なり〟だわな」

と苦笑いなさったのを思い出す。

そんな立ち話も含めて何かと味わい深い話を聞かされたものだった。

その極め付けが、「人間には宗教がなくては生きていけない人があるんだねぇ。アル中でなくても酒がなくては生きていけない人もある」

まさに今、それを私自身が実感している。

佐々木久子

酒で彩った華麗な人生

❖七十八年の人生

二〇〇八年六月二十八日に佐々木久子さんが亡くなられた。七十八歳だった。若い人には佐々木久子さんといっても馴染みが薄いかも知れないが、中高年の日本酒党の諸君なら知らぬ人はあるまい。

私のところへ訃報が入ったのは六月三十日、身内で葬儀を済まされた後だった。千葉県柏市の病院へ入院されて四年に近かった。お見舞いに行きたかったが、かつて華やかに活躍された方だけに、病床で弱られた様子に接するのは当人には切なかろう、とお察しした。

❖当初の原稿料は酒

私が処女作の酒紀行を書いたのは昭和四十三年だったが、佐々木さんは、さらにその十三年も前から『酒』という月刊誌を発刊していた。地味な趣味の雑誌だからそれほど

売れるものではないが、私のような好事家には得がたいエッセイ集でもあった。この『酒』に連載したものを単行本にまとめた文士も数多い。
雑誌経営の難しさから、はじめのうちは原稿料の代わりに酒を届けたというのもよく知られた話である。
直木賞作家の出久根達郎が『酒』から原稿依頼された時、「やれ旨い酒が飲めるぞ」と期待していたら、酒でなくて原稿料そのものが来たのでガッカリしたという話もある。出久根に原稿を依頼した頃は『酒』も順調に運んでいた。
私が『酒』から原稿依頼されたのは二十年以上前のことである。勿論、原稿料で頂いた。私は五十年近く酒のことを書いているが、はじめのうち、佐々木さんは酒のことを書きまくる私にライバル心とはいわないまでも、反発を感じていたらしい。それがひょんな弾みで打ち解けて以来、入院なさるまでの二十年余りの間はひと月かふた月ごとに麻雀卓を囲むまでになっていた。

❖ 激励会は少人数で

佐々木さんのマルチな才女ぶりは広く知られていた。『酒』で句会を催したり、各界の酒豪番付を発表したりして、宮城千賀子、丹下キヨ子といった大酒飲みのタレントとの交流も活発だった。加えて広島カープの熱心なファンでもあり、テレビやラジオでの活躍もめざましかった。

しかし、佐々木さんと親交のあった早稲田大学の元教授・暉峻《てるおか》康隆さんの助言もあって、『酒』を休むことになった。廃刊ではなく休刊ということだった。

月刊で五〇一号を刊行したことになる。そこで佐々木さんを慰労する意味で激励会をやろうということになった。佐々木さんの顔の広さからすれば何百人もの人を集めるのはたやすかったが、当人は多い人と接するより少人数でゆっくりしたいという。そこでこれもまたひょんな成行きから私が発起人代表を務めることになり、神楽坂の料亭に二十名ばかり

が集まった。

今は亡き三遊亭夢楽師匠、元醸造試験所長・大塚謙一氏、東京農大・小泉武夫教授、ニッカの竹鶴威社長、酒類問屋の太田雄一郎社長、飯田博社長、酒の著述家の篠田次郎氏、小檜山俊氏などの他に、出版の関係者などだった。

酒は賀茂鶴と越乃寒梅、ニッカの最高級ウイスキーなどで、和気藹々《あいあい》とした三時間ばかりだった。

❖栄誉賞はおかしい

その前、私の酒の著作生活三十五周年記念の会に知友三百名近くが如水会館に集まって下さった時には、鏡開きで佐々木さんも木槌を振って下さった。

その一年後に酒造組合の「日本酒で乾杯推進会議」

が発足して、政界、財界、芸能界、スポーツ界などから百人委員が選ばれた際には、酒の著述家では私と佐々木さんが加わった。その総会員は現在三万人を越えたと聞いている。

この会が発足したばかりの頃にはホテルの会場で佐々木さんの元気な様子も見られたが、倒れられたのはその直後で、脳梗塞と聞いている。

佐々木さんは竹を割ったような性格で、何事でもズバリと歯に衣着せず口にする。それは一応、理に叶っているのだが、聞く人によっては毒舌と感じられたかもしれない。

例えば、渥美清が寅さん役で国民栄誉賞を受けるのはおかしい、と息巻くのである。

「あのテキヤという役はアウトローでしょ。それを何で政府が表彰するんですか。おかしいと思いませんか？」

なるほど、言われてみればそれもわかる。

川谷拓三　酒乱と狂気の役者人生

旧知の脚本家・奥薗守という人から『狂気のなかにいた役者　―川谷拓三伝』（映人社）という本を書いた、という知らせがあった。かつて、室田日出男などとピラニア軍団というグループを作ったこともあり、東映のヤクザ映画ではよく顔を出していた川谷拓三である。自分から「酒乱だ」と自覚していただけにイキがって飲むのである。

❖誰からも好かれる性格

奥薗氏によれば、川谷拓三は従兄弟にあたるそうだ。

開拓民として大陸へ渡った家族の三男に生まれたということで、拓三とした名前である。

十八歳のときに東映京都撮影所の大部屋に入った時のデビューは死体の役で、あとは通行人とか殺され役などと続き、殺されたのは三千回以だった由。

父親が日活の京都撮影所でカメラマンをやっていたとき、大部屋の女優と恋仲になったのが縁で結婚、満州へ駆け落ちした。拓三が四歳のときには、日本へ引き揚げたというから映画好きは〝血〟でもあるのだ。

ただ、大部屋の俳優は手当も少ない。しかし拓三は誰からも好かれる人柄だったこともあって、金がないときも誰かに誘われて飲みに行く。そんな日々だが、ときには役に「危険手当」が出ることもあった。危険な役をやるときにはそれ相応の金が出るのだ。するとそれを目当てに周囲が拓三にたかる。

❖ピラニア軍団は飲み仲間から

拓三は酒が入ると相手がヤクザだろうが誰であろうが喧嘩をはじめる。あるときは警官を殴って相手の歯を折り留置場に入れられたこともあって、会社からは一カ月の謹慎処分をくらったことがある。その後も泥酔して留置場に二日泊められたこともあった。そのときは二カ月の謹慎である。

そんな拓三だが、シラフのときはいたって生マジメなところから、スターの付き人を次々とつとめたこともあった。

伊沢一郎、山形勲、平幹二朗、宇佐美淳也、大川橋蔵、内田良平、中村メイコ、香山武彦、松方弘樹、鶴田浩二…と、オールドファンなら懐かしい顔ばかりである。

伊沢一郎は拓三の母親の弟、つまり叔父にあたる。バイプレーヤーとしては貴重な存在であった。

拓三が結婚したのはやはり東映の大部屋女優だった。相変わらず生活は苦しかったが、拓三のペースが変わることはなかった。

ピラニア軍団というのは、もともと売れない大部屋の呑んべえ達が、みんなで仲良く死ぬまで飲み続けようということで集まったグループである。

室田日出男によれば、「俺たちのピラニア精神はベタベタした甘いグループではない。本物のピラニアみたいにお互いを食いっこするようなグループになっていくことが理想。そしてその度に役者として上手くなっていく。しかし仕事を離れたら、肩を組み酒を飲む」などともいっている。

❖殺られ節で人気をあおる

そんな、ピラニアの名前に東映が目を付けて売り出したこともあって、仕事もどんどん入るようになってきた。なかには、室田日出男と拓三とでのウイスキーのCMなどもある。

室田とリハーサルのときからウイスキーをがぶがぶやるものだから、本番では酔いつぶれて撮影が翌日に持ち越されたこともあった。

次は『ムービー・マガジン』という雑誌の記事である。

「川谷拓三は最近めきめきファンが増えている感じです。気になりだしたのは〝仁義なき戦い〟の二作目あたりからの存在感あるチンピラ役として登場した頃でしょう。今年は中島貞夫、深作欣二の作品にはほとんど顔を出し共演の役者を完全に食いものにしています。〝県警対組織暴力〟のリンチを受けるシーンの緊迫の演技には減少の途をたどる東映ファンをつなぎとめる底知れぬパワーを感じさせたのです。」

その頃に拓三が歌っていた「殺られ節」というのがあった。

「ぐっとこらえて我慢して顔で笑うて芝居する。なんや健さんやら文太はんみたいでんな。せやけど夢だけは持ってまんのやで、わしかて男や、大スターとさしで勝負して、わいの方がうまいやんかちゅうなこといわれたら、こらもう死んでもかましまへん」

東映ではなく、勝新太郎のプロダクションに志願して入ったりもした。勝の撮影での凝りようは有名で、酒を飲むシーンがあれば、本物の酒を飲ませたりする。その勝アカデミーの講師を拓三はつとめることもあった。勝プロはその後、倒産する。

映画が斜陽になってからはテレビにときおり出るようになった。NHK銀河テレビ小説「煙が目にしみる」、TBS「3年B組金八先生」、NHK大河ドラマ「山河燃ゆ」などとあげても多くの視聴者は拓三のことを思い出さないのではないだろうか。

なんといっても川谷拓三といえば、ピラニア軍団のイメージであり、殺られ役のイメージでもある。前述の『狂気のなかにいた役者』の最後にはこう結んでいる。

「二〇〇九年十月にはNHKでも『あの人に会いたい・川谷拓三』が放映され、いまなお語り継がれている。拓三は、殺されながら生きていることを表現した希有な役者だった。そして一過性の人気に押しつぶされることなく、主役と脇役の座を往復した個性派俳優であった。もう川谷拓三のような役者は出てこないのではないか、とは誰しもが口にする言葉である。」

杉浦幸雄

酒と人を愛した漫画家

昭和のはじめから平成にかけての漫画家といえば、岡本太郎の父の岡本一平、フクチャンの横山隆一、政治漫画の近藤日出造、鉄腕アトムの手塚治虫ほか数多いが、日本漫画家協会理事長も務めたアトミックのおぼんの杉浦幸雄の酒好きを見逃すわけにはいかない。なにしろ七十七歳で銀座のバーのマダムと結婚したほどの見上げた男なのだ。

❖平安時代の「通い婚」よろしく

当人が奥さんにしたのは、銀座七丁目の「バー小うた」という店のマダムで柴小百合《しばこゆり》さん。小唄の柴流の家元で杉浦さんより数歳年下だった。

杉浦さんの住まいは世田谷赤堤で、柴さんは港区麻布。同居はしないでそれぞれが別に暮らしていて、杉浦さんが妻のところへ通うという「通い婚」だった。当人によれば、おれは平安時代の「通い婚」のようで色男みたいに洒落ているだろう、と自慢していた。

以前にふれた日本放送作家協会理事長の阿木翁助氏と一緒に、バー小うたへ行ったことがあるが、その時に杉浦さんに会ったのがはじめてだった。

❖ 女性のための酒講座

その後、主婦の友社の健康雑誌『わたしの健康』の取材で、私の講演に杉浦さんがみえた。カット（上図）はその時のスケッチで、文章にはこんなことが添えてある。「本誌連載『酒・さけ・SAKE』でお馴染みの山本祥一朗氏の講演。さすが『酒呑みの本』『酒まんだら』の著者、酒道の大家だけに『口紅をティッシュでおさえてからお飲みになるといい』『チョコレートは二日酔い予防にいい』『ビールのつぎたしをすると悪い姑にあたるという西洋の諺がある』など女性向きの話がいっぱい…」

などとあり、それに続く飲みっぷりコンテストなども紹介してある。

この記事が出た当時はバブルも最盛期、今になってこの記事を読み返してみると女性の飲み屋への進出が目立つようになったきっかけの一つだったような気もする。

❖つつましい酒飲みのほう

杉浦さんの本に『杉浦幸雄のまんが交友録』（家の光協会）というのがある。

これによると前記の岡本一平にはじまり実に多くの人々とのほのぼのとした交友がつづられている。

杉浦さんの酒はほどほどのつき合い酒で、雰囲気は盛り上がるもののヘビードリンカーではない。料理屋、飲み屋、バー、クラブなどでもここぞと思う気に入った店があると、そこしか行かなくなるところは、年上の近藤日出造さんなども同じ。しかもオンザロック一杯でも長時間かけて飲むから、店にとってはいい客とはいえなかったようだ。

漫画家仲間でのヘビードリンカーは、黄桜のカッパの漫画を手掛けた清水崑で、月給が六十円の時代に映画の原作料が三百円入った時の清水崑は、仲間四人でその金をひと晩で飲み代に使ったとか。

❖ビールを飲んだ原節子

ある時、世紀の幻の大スターともいわれた原節子をインタビューしたことがあった。彼女はビールが好きで、その時もビールを飲みながらのインタビューだった。話がすすむうちに頬が赤らんで、笑みを含んだ大きな瞳にうるおいがでてきた。そんな瞳でジッと見つめられると杉浦さんはなんともいえない気分になる。その時、「あなたは今、なにが一番ほしいですか」

と質問した。今ほしいものは良い映画の台本か、車か、宝石か、などのつもりできいたところ、笑みを含んだ瞳を一段と見開いて、ジッと杉浦さんを見つめながら、

「ご存知のくせに…」

といって、

「ク、ク、クッ」

と笑ったという。その悩ましいこと、美しいことは終生忘れない、とも語っていた。

❖ 美人画の小島功も友人

美人といえば漫画家で美人を描いていたのでは、小島功という人がいた。

この人、清水崑が亡くなった後、黄桜のカッパ美人画を引き受けて描いていた。やはり杉浦さんの友人でもある。杉浦さんは「自分は美人画家ではないが不美人ばかり描いていると絵が売れないから美人を描いている。むしろ不美人を描かせたら自分が一番うまい」ともいっている。

ある時、海外旅行から帰った杉浦さんが小島さんに

「君も海外に行ってみたらどうか」

と進めたという。

小島さんはその後、十日間ほどパリに滞在した際に洋食を食べたのは一日だけで、あとは和食と、日本酒で通したという。まるで日本にいるような飲食だったとか。それというのも、浅草の花川戸の生まれだから「助六」と同じでチャキチャキの江戸っ子だ。日本酒と和食がしみついているからパリの和食店通いだったとか。

❖円満な酒の人生

私は昭和十年生まれの亥年だが、杉浦さんは明治四十四年生まれの亥年。杉浦さんが健在な折には「ししの会」という亥年生まれの集まりがあった。藤山一郎、吉村公三郎、岡本太郎、高田浩吉…と猪突猛進の面々でもある。

私の知友が集って、激励会を開いてくれたことがあった。写真はその時に祝辞を述べてくれた杉浦さんである。この人は「誉め主義」だと自分で名乗っていた。「お客様は神さまだ」というのは三波春夫でしたが、自分は「人間は神さまだ」と思っている、ともいっていた。そして円満な人生を愉しまれた人生でもあった。

檀一雄　最後の無頼派作家

川谷拓三のところで『仁義なき戦い』のことにふれたが、その監督の深作欣二は『火宅の人』という檀一雄の作品も映画化している。これは作家が女性に夢中になる話だけに女性を描いているのかといえば監督は「僕は女性映画は一本も撮ったことがない。もっぱら男の側から女性を持ち上げたり拍子を送っている作品だ」といっている。そんな檀一雄のことにふれてみたい。

❖本が出る前に逝く

『火宅の人』は酒と放浪とロマンを求め続けた〝最後の無頼派作家〟ともいわれる檀一雄の自伝小説として話題を呼んだ。

そんな檀も、晩年は福岡の病院に入院していた。

私小説作家としてはそれほど売れていたわけでもなかった。その入院直前に出した『火宅の人』が「二万部売れたら台所を治そう」とか「三万部売れたら便所を水洗にしよう」などと話していたとか。「増刷されなかったら洋食器セットでも買うか」ともいっていた。入院中も秘蔵のウイスキーやブランデーを東京から持ってこさせて、「これらは病気が治ったら飲む」といっていたとか。

長女の壇ふみには、「酒はいいぞお」と元気な頃の父はグラス片手に煙草をくゆらせながらいっていたともいう。

ところが、そんな壇ふみが大人になる前、酒を覚える前に檀一雄は亡くなったのである。しかも『火宅の人』がベストセラーになるのを見届ける前に逝ってしまった。

❖息子・太郎と娘・ふみ

壇ふみは長女であり、いっときは阿川弘之の娘の阿川佐和子と並んで、よく話題になっていた。

先の話は壇ふみの『父の縁側、私の書斎』(新潮社)にある話である。

壇ふみのひとまわり上に長男の檀太郎がいる。

この太郎さんとは、たまたまフランスのワインどころのボルドーやブルゴーニュの旅のツアーで一緒だったことがあり、パリの遊楽街を二人でぶらついたこともあったが、私から父親のことについては訊ねなかった。

太郎さんは食についての造詣が深く、当時私も執筆していた中央公論のムックにも関与していた。

❖壇が飲んでいた赤ワイン

私は単身、ポルトガルとスペインを巡ったことがあった。

その時、ポルトガルの南サンタ・クルスという町を訪ねてみた。ここは檀一雄が一人で一年三カ月腰を据えていたところである。

檀一雄の身のまわりの世話をしていた婦人の話では、檀は夜中に原稿を書いていて昼ごろまで寝ていることが多かった。衣類を洗濯すると必ずといっていいほど血が付いていた。痔疾のためだったらしい。

午後から散歩に出ると、大きな魚をよく買ってきた。それを自分で刺身にして食べていたという。そんな時に愛飲していたのがダン地区のアレイシャンドロ・マグノウというテーブルワインだった。これは檀が行きつけだった酒屋の主人に聞いた話だが、このワインはその時は人気薄で店には無いという。それを他の店でやっと見つけて飲んでみた。アレイシャンドロ・マグノウは250エスクード（その時は一円が1エスクードだったから二百五十円）でキレのいい赤ワインである。なるほど、脂ののった魚にはよく合っている。日本でも檀が好んだワインということでダン（現地の発音ではダウンに近い）を売っているところがあるが、それはダン地区のワインであってもアレイシャンドロ・マグノウではない。

❖ 泥酔しなければ行かない

深作欣二の映画では、檀一雄を緒形拳がやり、妻をいしだあゆみがやっている。檀の愛人役は原田美枝子がやっているが、この役のモデルとなった当人が本名で本を書いている。映画では矢島恵子となっているが本名は入江杏子で『檀一雄の光と影 ―恵子からの発信』（文藝春秋社）という。この中にこんな下りがある。

「当時、彼は泥酔した深夜でなければ私のところへ帰って来なくなっていた」と。

そして、「あなたは家にお帰りなさい。私の将来のことも考えて頂戴…、私のことを思ってくれているのなら別れて頂戴…」

ある時は乱闘になることもあった。なにしろぐでんぐでんに酔っぱらって愛人のところへ行くのだから想像できる。

❖愛人との晩年は淡々と

「火宅」とは、わが家が焼けることだから尋常ではない。この言葉は煩悩の発露ということで法華経にあるときく。『火宅の人』が『新潮』に連載された時にはあまり評判がよくなかったらしい。むしろ悪評が多くて「こんな小説を掲載する編集者の見識を疑う」とまでいわれたとか。

その愛人のモデルとなった入江杏子には、ポルトガルへ発ってからも毎月、僅かずつながら金を受け取れるように檀一雄が手配していたという。

その後、入江杏子の働いていたバーに仲間と一緒に檀は二度立ち寄ったが、単に挨拶ていどだったことと、福岡の病院へ見舞いにちょっとだけ寄ったことが書かれているが、淡々としたものである。

酒が入り、エンジンが全開のときでこそ興るべき〝欲〟もすっかり消えかかったのである。

田中小実昌

コミさんにふさわしいキプロス

島に住む人は、概して人情味に厚い。それも島が小さければ小さいほどその傾向が強く感じられるのは環境の然らしむるところで、人恋しさが募るためだろうか。

世界から見れば、日本も島国である。しかし都会の雑踏の中にいると、とても人恋しさを感じる風情などありはしない。その点、世界的な視野で島の人情をふり返ってみると、「地中海の夢の楽園」の別称もあるキプロスが思い浮かぶ。

キプロスは四国ほどもない大きさだから、まさしく小島である。

私は一九八六年にキプロスのワイン祭りに参加して、その体験を『キプロスに酔う』（竹書房）に書いた上で、その魅力にひかれて二年後にも再び訪ねた。

後年、今は亡きコミさんこと作家の田中小実昌《こみまさ》氏と銀座でばったり出くわした際、「キプロスで、あんたの本をあちこちで見たよ」と言われた。なんでも、新宿ゴールデン街の若い女性と二人で遊びに、というより飲みにキプロスに行ったそうだ。

キプロスに私の本があったというのは、おそらくワイナリーへ行って見たのだろう。日本語で書いた本が向こうで売れるはずはないから、日本でキプロスのワインを書いた本が出ていると聞いたいくつかのワイナリーが、日本から取り寄せたのかもしれない。

コミさんと知り合ったのは、私がキプロスを訪ねる数年前のことで、大阪のよみうりテレビでのことである。藤本義一氏が司会のイレブンPMで、月亭可朝、カルーセル麻紀、笑福亭鶴瓶の諸氏との酒の番組だった。

事前の打ち合わせが終わったところで、コミさんに誘われてテレビ局前の寿司屋で飲もうということになった。本番までは四十分しかない。

「あまり時間がありませんね」と私。

「なあに、とことん飲まなくちゃ気分が乗らないよ」

「それもそうだな」

「そうだよ、本番が近くになれば呼びに来るさ」

こういう話はすぐに意気投合する。それで二人とも急ピッチで飲んだものだから、本番になってライトに照らされると酔いの回ること、回ること。

ところで、私がキプロスを初めて訪問した時には、私も女性と同伴だった。彼女はワインに詳しいフリーライターで、キプロスの政府筋からのお招きだったのである。コミさんは自分で選んだ女性と一緒だが、私は先方が選んだ女性である。

キプロスは神話のビーナス誕生の地でもあり、美人の多い島としても知られている。そんな土地柄ながら、東洋の女性は珍しいとあってか、コミさんが同伴した女性は現地の人に結構もてたという。そういえは、私の伴《つ》れの女性もキプロスの男性に大もてだった。

一年を通じて降雨はほとんど無いに等しいピーカン続きである。島の人たちの仕事は午前中には終わる。昼間にワインを飲むと三時頃から昼寝をする。夜七時から八時頃に目覚めると、またしてもワインでの夜の宴だ。

早い話、午前中の仕事を除いてはワイン漬けの日々ということである。ボーッとして一日を過ごすにはもってこいの土地柄といっていいのではないか。

地中海の東に位置するこの島は古くから交通の要衝にもなっていたから、多民族が交流することで混血の美人が生まれたともいわれている。ワイン祭りで私が訪ねた島の南のリマソルの一帯にワイナリーが集中している。そんなところで働く女性も祭りの夜には着飾って、ワインの酔いに陶然となりながら踊りの輪に入ってきたのを思い出す。

酒びたりの中でぶらぶらするのを好んだコミさんの気持ちがよくわかる。

ここまで書いたところで、かつての拙著『キプロスに酔う』を引っぱり出してみた。この本は当時、八千部出たところで絶版になっている。私の読者の中には再版の声もあるので、折を見て久しぶりに今のキプロスを訪ねてみたい気になってきた。

宇野宗佑　蔵元で趣味人粋人の宰相

❖滋賀県守山に人形館

この人ほど、損な誤解を受けて宰相の座を去った政治家はいまい。

宇野氏が外務大臣だった時、先年亡くなられた佐々木久子さんと一緒に宇野氏の事務所を訪ねたことがあった。

文学館のようなもので酒の記念館はできないものか、と思って蔵元出身の宇野氏に相談に行ったのである。それというのも、宇野氏は自分の故郷滋賀県守山に「中仙道守山宿郷土人形館」を建てられたときいていたので、酒の記念館にも関心を寄せられるだろう、と思ってのことだった。ただその後、バブルが弾けて実現にはいたらなかったが……。

❖映画化されたシベリヤ体験

宇野氏には十四冊の著作があり、そのうちの『庄屋平兵衛獄門記』（青蛙房）と、『大正蘇音器』（市ヶ谷出版）の二冊は私宛のサイン入りで頂いている。

本の中でも昭和二十四年に『私はシベリヤの捕虜だった』という阿部豊監督で東宝で映画になった原作は、宇野氏の『ダモイ東京』である。昭和二十二年までシベリヤに抑留されていた体験記なのだ。

宇野氏存命中の店頭

シベリヤに抑留されていた時、京都出身の先輩が一緒だった。帰国してその先輩を訪ねて行ったところ、未だ帰国していないといわれた。その後、先輩が帰国して訪ねた時、先輩の妹が、宇野氏の目には素晴らしい美人に映ったという。その女性と結婚したのは間もなくだった。

私が守山の宇野氏の蔵元を訪ねた時、宇野氏は国会開会中で留守だったが、夫人が丁寧に案内してくれた。

人形館は郷土人形だけでなく、わが国ばかりか外国の人形もかなり多く展示してあった。ほかに先祖から伝わった生活道具の数々、さらには宇野氏の蔵書の一部も展示されていて閲覧することもできるようになっていた。

❖文武によく通じていた

宇野氏のスポーツは、ゴルフはあまりやらないが、剣道は三十代のときに五段をとっている。千葉県の森田知事のような自称二段ではなく試験を受けての正真正銘の五段で、後年は滋賀県剣道連盟の会長もつとめていた。

運動神経がいいのは血統とのことだが、稽古も熱心で朝、昼、夜と高校時代は稽古づめだったお陰で、彦根高商のときには全国で優勝したこともあった。

その一方、碁、将棋となるとからっきし駄目で麻雀なら強いほうだそうで、大臣になる前は三日に一度はやったという。議員仲間とである。佐々木久子さんとはよく卓を囲むので、宇野氏にも付合って頂きたかったが、議員には議員だけのルールがあって、めったに他人は入れない、と秘書からきかされた。

句集『王廟』には八百三十句も収めてあるそうで、水原秋桜子に誉められたという。さらに歌舞伎の場面ばかりを詠んだ『紅隈』は千百句も収めてある。

郷里の守山の周辺には源平の史跡が多いことから、首塚の句を作ったりして『平家物語』と題した句集も出した。

❖ハーモニカ、ピアノ、講談まで

ハーモニカの演奏が上手かったのは、当時、日本一のハーモニカ演奏者だった宮田東峰も認めていた。

外務大臣のときにアメリカ大使館で、大統領、国務長官、国防長官などの前で、「駅馬車」、「真昼の決闘」、「シェーン」などの映画音楽を演奏したこともあった。

政治家の歌といえば、総理であれば、当時、竹下登、海部俊樹、中曽根康弘などの諸氏は唱っても演歌が多く、外国の映画音楽に通じた人は見当たらない。

さらに宇野氏の洒落た風流人の一面だが、ハーモニカの他では、ピアノも上手かった。あるパーティーの席で、即興でひいたのがテレビの連続ドラマ『七人の刑事』のテーマソングだった。その席にはドラマに登場する菅原謙二も居合わせた。宇野氏はその菅原謙二の後援会長をやっていたし、歌舞伎の澤村藤十郎や相撲では蔵間の後援会長もやっていた。

その他では宝井馬琴が、まだ襲名する前に琴鶴といっていた時代、その琴鶴に代って、『井伊直弼』と題する講談を一席うなったこともあった。

そしてその宝井馬琴の後援会長も務めていたのである。

❖ 漫画家はどうだろうと母親

むろん本業が政治家であれば、三十五歳で当選以来の歩みをみれば……。通産政務次官、党財政部会長、防衛庁長官、党国会対策委員長、科学技術庁長官、党広報委員長、行政管理庁長官、党幹事長代理、通産大臣、外務大臣、内閣総理大臣、と続いたわけである。

その通産大臣の時に『通産ジャーナル』という雑誌で、評論家・草柳大蔵氏の令嬢で先年、不幸にも自殺なさった草柳文恵さんと対談されていた。その話の中で宇野氏は幼少の頃、母親から漫画家になることをすすめられたという。

少年時代には講談社の『少年倶楽部』の漫画募集に作品を送って、二度も三度も入選しては図書券を送られてきたという。それを見た母親が講談社へ手紙を送って、なんとか息子を漫画家にしたいと伝えたそうだ。編集部からは「少々入選したからといって、うぬぼれてはいけません」と返事がきた。その話を後できいたが宇野氏が、「母にしてみれば田舎の酒屋もいいけど、これだけ入選するなら才能があるかも知れない。その才能を伸ばしてやれないかと独断で講談社へ照会したというんですね。初めてそれをきいたとき、これはいい話だと思った。なにになれ、かになれと難しいことといわず、自然に伸びるところを伸ばしてやろうと考えた明治生まれの母は、ひとつの母のタイプではなかったかと今、懐しく思うんですね」

草柳文恵さんという話相手を考えてのエピソードで、ほほえましい。

❖ 記事の後始末をつけろ!

『サンデー毎日』が報じた女性スキャンダルが宇野氏を傷つけたことは周知の通りだが、その女性と離れた後も、最後まで生活の面倒を見た宇野氏のことは報じられていない。

そのへんはマスコミのいい加減なところで騒ぐだけ騒いで雑誌が売れれば、後はしらん顔である。

宰相を辞められた後、私は元厚生大臣の井出正一氏も混えて雑誌の鼎談を銀座で催した。宇野氏は『栄爵』、井出氏は『菊秀』とそれぞれの蔵元の自慢の酒を持寄っての話で、政局には無関係の酒の話だけにしぼった。

お二人とも議員の役職から離れて、ごく自由な立場での酒の話だけに談論風発、なかなか楽しい話に終始した。

それにしてもマスコミの筆の暴力は恐ろしい。『サンデー毎日』で例の記事を担当した編集者が今でもマスコミでえらそうなことをいっているのを見ると、記事の後始末はどうした！　といいたい。

§10

酒を売った体験記

お客への姿勢という商売の原点は不変

「酒屋」の看板をあげた祖父

私の生家は関西の瀬戸内海に近い小さな町で、祖父が日露戦争から帰った後で酒屋の看板をあげた。私の父はその長男であり、私がさらにその長男ということになる。

祖父はかなり味のわかる人だったようで、当時は酒販店があちこちから買い集めた酒を好きなようにブレンドし、それに銘柄をつけることがひろく行われていた。祖父は商標登録されていた「男一」という銘柄を広島の方から買い求めてきて、自分の舌で客の求める味を練り上げていた。その酒が売れに売れ、お陰で借家を何軒も持てるだけの資産をつくり上げた。その祖父が亡くなったのは私が幼稚園に入る前の頃だっただけに、祖父との思い出はいたって薄い。

ところで二代目となる私の父というのが、祖父とは正反対で商売には全く身が入らず、政治道楽、といっても労農党の主席だった黒田寿男の後援会をはじめ、革新系のほうへ援助金をよく注ぎ込んでいた。私は学生時代から謡曲を趣味としていた関係で、保守系の老人層との付合いが多かったが、父はといえば労働組合の関係から若い来客が多く、あの家は客層が反対だといわれたりもしたが、それは昭和三十年代はじめのことである。

それより前、終戦を迎えたのは私が当時の小学校である国民学校の四年生だった。私はその一、二年前頃

創業した時の家居。その後、改築された。

から、酒の配達や集金などもやらされていた。兵役から父が復員してきたのは戦後間もなくだったが、何しろもともと商売には熱心でないから、店の労働はかなりの部分が私の役目でもあった。小商いの家業であれば、むろん無給である。今にして思えば、その後払い賃金のかたちで、私の学費が出たということもできる。

店で電話注文を受ける筆者中学生の頃。

体験なければ机上の空論に流れがち

酒販業についての流通理論を学者センセイが述べているのをみると、この人、いったい一度でも注文ききから配達や集金などの酒販の体験があるのだろうか、と首をかしげさせられる内容のものが少なくない。ちょっとでもそのような経験があれば、とても書けないようなことを平気で書いている。机上の空論とは、まさにこのことではないだろうか。

今から七十年近くも昔のことであれば、流通形態の違いはあっても、酒販業に携わる者としての精神的な面はそんなに変っているものではないのではないか。

酒の配達や集金にまわっているとそれこそいろんな家庭の台所口へ顔を出す。配達といっても、小学低学年の頃に一升瓶二本をぶらさげるのは決して楽ではない。集金となると、先に延ばしてくれと懇願されるのはまだいいとして、頭からピシャリと断られたり、居留守を使われたりと、小学生の身には精神的にしんどい仕事でもあった。ただ私の場合、好奇心だけはいたって旺盛（それがジャーナリストとしての今日につながっているとも考えられる）だったことから、他家の台所を訪ねること自体、それほど苦痛ではなかった。「まあ感心に、よう店の手伝いをなさる」と、おやつをくれる得意先も時にはあった。

中学生になる頃には、遠隔地の酒販店に酒を卸してまわる小型トラックの助手席に乗って行って、積み荷のあげおろしを手伝うなどもした。そんなことで、かなりの得意先をまわっていたのである。

別に酒販業に限ったことではないが、自分がそうして働いていることが、金銭に換算すればどれほどの価値があるものか——と考えながらでは仕事に身が入るまい。当時の私は幼いこともあったが、ただただ純粋に家業を手伝うことで、それなりの生き甲斐を受けとめていた。しかし、長ずるに及んで「生活」がかかってくるようになると、生き甲斐といっても呑気に構えてはいられまい。酒を買ってくれた客に喜んでもらい、同時にそれが売り手の満足する収入に結びつくなら、これぞ酒販業の生き甲斐の理想というものだろう。ごく当り前のことながら、問題はその微妙なバランスである。

私は時折、百貨店の酒売場視察会を催している。これは、百貨店の酒売場にはある意味で客の求める銘柄を敏感に反映する一面があり、それが時とともに変化する様子を知っておきたいからであって、他意はない。『日本醸造協会誌』（二〇〇〇年十二月号）には「東京にみる百貨店の酒売場」と題して執筆しているが、その時からでも売場は刻々と変化してきた。

蔵元や酒販流通業の子弟で、学校を卒業した後で大手百貨店に修業のために入社する例があるが、流通の仕組みや販売体験を勉強したいのなら、それほど期待しない方がいいのではないかと思う。蔵元として将来、その百貨店との取引を考えているとか、百貨店の仕入れの裏事情に通じたいと思っているなら別だが、百貨店というところ、一般客の注目度が高いだけに、とかく高圧的になり易く、蔵元筋などには「売ってやる」の姿勢に傾きがちである。酒販業を目ざす若手にとっては、目論んでいるほどの勉強にはならぬと思った方がよいのではないか。

　このような百貨店は別にして、酒販業ということでは規模の大小はあるにしても、客に対する心構え、姿勢という点ではやはり昔に私が体験した原点からの出発が肝要ではないかと思う。

いろんな体験も要は活かし方

　大学を卒業した後、私はソニーのオートスライドを使った視聴覚教材の製作に従事していた。公開経営指導協会という団体や、渥美俊一、藪下雅治といった当時のコンサルタントの理論をフィルムにし、音を入れる仕事である。

「老舗の商法」ということで佐賀の丸芳露（マルボーロ）や姫路の御座候《ござそうろう》といった店を取

材したり、初期の頃のダイエーやヤオハンを撮影したこともある。また一方では、「接客のイロハ」や「客の購買心理」なども視聴覚教材としてまとめたりした。そんな時、コンサルタントの中には、ややもすると机上の空論的な理屈を並べたがる向きもあった。しかし製作する現場の責任者としては、私自身が納得できる線をあくまでも押し通すようにつとめた。結果的にそれでまとまることが多かったのは、私の商売の実践、体験の強みではなかったかと思う。

ところで、経営者の中には、できるだけいい状態で次の世代へ仕事を継がせたいという考えの人と、老境を迎えてもいつまでもまるで食い残りの皿にがっつくように自分のわがままを通し続けて、息子に対してライバル意識をもやし、意地を張りたがる人がある。私の父がまさしく後者だった。

私が製作した右記の視聴覚教材を父に見せたところ、あからさまに反撥した。たとえ商売に不熱心とはいえ、父にすればここまでやってこられたのは自分流のやり方で進めてきたからだ、という自負もあったらしい。私が父を反面教師とし、あえて家業を継がなかった理由の一つである。

人はそれぞれ置かれた環境が違えば、生き方も変ってこよう。物事をマイナスに受けとめない限り、過去の酒販業も含めたはばひろい経験は、私の現在の著述の上でもいい参考になっていると思っている。

どんな試行も哲学あってこそ

以前、ある雑誌が日本の激安店という特集を組んだ時、その中の酒の項目の冒頭に「ただ安いというだけで関心を呼ぼうとするディスカウントストアは自滅の一途をたどらざるを得まい」という持論を展開した。その私の原稿に続いては、わが国でも有数のディスカウントストアの探訪記事が出ていた。さすがにこの業界でのしてきた店ばかりだけに、それぞれに固有の哲学があるのだ。

また一方では、規模こそ小さいながらも独自の商品構成や接客などで、客足を集めている店の例も数えきれない。これまたオーナーならではの哲学あればこそではないか。

どんな試行も哲学がなければ根なし草に過ぎない。

いろんな視点から酒を述べてきたが、ここで酒の味の表現で抜けていたかと思われる、私自身の唎き酒の具体的な話を添えておく。

公的機関での唎き酒については、全国新酒鑑評会に参加した話など書いたが、一般の私的な団体での唎き酒は純粋日本酒協会が昭和五十三年に如水会館で催したのが最初ではなかったか。

この時は目隠しテストで別々に置いた参加蔵元の銘柄を当てるというものだった。なんでも全問正解者が三名あったということで、そのうちの一人として賞状と美大の学生がデザインしたという酒のネクタイ（私がデザインした酒のネクタイはその数年後に出した）を頂いた。その次の回では全問正解が五人あった由で、この時にもやはり賞状とネクタイを頂いた。それに続く三回目の時にアンケートを出そうとしたら、当時、一部のマスコミで「日本一の地酒が決った…」などとやっていた立教大学の船戸英夫教授に「山本さんは賞品泥棒だね」といわれた。それも大勢の人前でのことである。ネクタイを頂いたことで「ドロボウ」はないだろう。以来、この手の唎き酒会のアンケートは一切出さないことにした。唎き酒はそれぞれの個人が、自分なりの尺度でやればいいもので、それは他の人と「競争」するようなものではないのではないか。

人はその時の体調によっても、気分によっても味に対する感性は微妙に違ってこよう。従って私の場合、唎き酒は出来るだけ体調がよくて口腔のフレッシュな時を心掛けている。

本書では右のような味への対応についてと、先入観にとらわれない話などを進めてきたわけだが、ここで最後に私がかつて敬愛したドイツ文学者の高橋義孝氏のエッセイで、「私が慶應大学の講師を勤めていた時、雑誌社の人などから肩書きを聞かれて『講師』と答えると、困ったような顔をした人がいた。講師では困る、教授でないと格好がつかないというのである。私の知らない間に私は慶應大学教授となった」といい、「世の中の人は中身を見ないでレッテルを見る。これは中身を見る眼力がないからなのか、あるいは中身よりレッテルの方が現実だと思うからなのか。ゲーテに『この人生で最も簡単そうに思われて、しかも最もむずかしいことは何かというと、それは、われわれの眼の前にあるものをわれわれ自身の眼で見るということである』という言葉がある。」（「地酒の旅」）
ラベルと能書きだけで酒を判断する馬鹿さ加減をいったものだが、むずかしいからこそ、酒飲みにとってのやり甲斐、生き甲斐ではあるまいか。

本書の編集に当っては、板垣誠一郎氏のお世話になった。御礼申し上げる。

二〇一三年四月

山本祥一朗

※本書は左記に発表した作品から著者が選出し、加筆・再構成の上刊行するものです。

『あじくりげ』東海志にせの会
『お酒の四季報』酒文化の会事務局
『Gastromy review』F・B・O
『KIKISAKE-SHI』S・S・I
『酒』酒之友社
『酒のみうんちく』日本実業出版社
『サントリークオータリー』サントリー
『酒販店経営』流通情報企画
『新潮45』新潮社
『日本醸造協会誌』日本醸造協会
『熱闘ドキュメント』竹書房
『山本祥一朗の酒情報』山本祥一朗のWEB

著者紹介

山本祥一朗

（やまもと・しょういちろう）

1935年岡山県生まれ。東京農工大学中退、早稲田大学第一文学部西洋哲学科卒業。1968年の処女作『みちのく酒の旅』（秋田書店）以来、本名・洋一を現在の名に改名。『美酒の条件』『美酒との対話』『海外酒事情』（いずれも時事通信社）、『焼酎の研究』『日本酒を愉しむ』（ともに監修、中央公論社）、『キプロスに酔う』（竹書房）、『酒飲み仕事好きが読む本』（三笠書房）、『金賞酒』（たる出版）、『日本酒で乾杯！』（技報堂出版）ほか共著・監修を含め酒の本を多数執筆。『お酒の「いま」がわかる本』（実業之日本社）は韓国で現地語で出版された。日本酒を世界にアピールするために1970年から酒の海外視察を行う。Webで「山本祥一朗の酒情報」を2005年より発信。日本文藝家協会会員。（写真は東北銘醸の蔵で）

ほろよいブックス

酒つながり

こうして開けた酒の絆

2013年5月15日　初版第1刷発行

著　者　山本祥一朗
発行者　松田健二
発行所　株式会社 社会評論社
〒113-0033
東京都文京区本郷2-3-10
電　話　03（3814）3861
FAX　03（3818）2808
http://www.shahyo.com
装　釘　臼井新太郎
装釘写真　スズキアサコ
印刷製本　倉敷印刷株式会社